POMPÉI ET HERCULANUM

3e SERIE P. IN-8o.

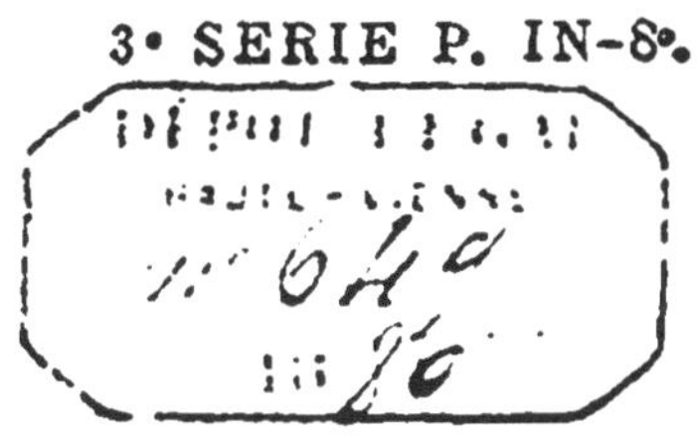

POMPÉI

ET

HERCULANUM

DÉCOUVERTE ET DESCRIPTION

DE CES DEUX VILLES ROMAINES

PAR E. DU CHATENET.

LIMOGES
EUGÈNE ARDANT ET Cie, ÉDITEURS.

POMPÉI

ET

HERCULANUM

Entre nos facultés il en est une qui a pour office de suppléer à la vue directe, et de nous représenter, de nous *rendre présent*, ce que l'œil n'atteint pas. Qu'il s'offre à l'œil quelque chose de partiel, de fragmentaire : cette faculté se sent aussitôt dans son domaine et entre, d'elle-même en exercice, d'autant plus rapide en sa marche que le cœur est plus profondément ému. Quelle ardeur n'apporte-t-elle pas à la recomposition des choses, si le fragment à compléter, réplique sacrée de sentiments qui ne sont plus, porte l'empreinte de quelque grande révolution physique ou sociale, ou même du malheur d'une seule famille, d'un seul homme. Il n'est pas besoin, vous le savez, de parcourir l'Égypte ou la Grèce, pour éprouver combien d'émotions et de pensées, tout ensemble, peuvent surgir à l'aspect de quelques pierres.

Les temps passés ont pourvu, sous ce rapport, à ce que l'imagination ne manquât pas d'aliment. La terre a des ruines à nous offrir partout où les générations humaines se sont succédées sans se remplacer ; partout où le mouvement, par lequel la vie d'une nation se manifeste, se continue, se transmet, s'est arrêté ou bien a changé totalement de direction.

En fait d'unité et d'activité nationales, l'histoire ancienne ne présente pas d'exemple d'un déploiement aussi vaste que celui de l'unité et de l'activité romaines. Aussi n'est-il pas de nationalité éteinte dont les débris tiennent encore aujourd'hui tant de place, et se rencontrent en tant de régions diverses. L'Asie et l'Afrique, ont, comme l'Europe, des ruines romaines ; les bords du Tage ont les leurs, comme ceux du Rhin et du Danube. Faut-il dire que l'Italie est, à cet égard, la contrée de l'Europe la plus riche, et que toutes les villes d'Italie le cèdent à Rome elle-même et aux environs de Rome.

Ce n'est pas, toutefois, un voyage à Rome que j'ai le dessein de vous proposer aujourd'hui, bien que nous puissions nous promettre d'aller, un jour, ranimer, en cette ville à jamais célèbre, les souvenirs que nous a laissés l'histoire de ses grands hommes. Un tel voyage ne doit pas être entrepris sans préparation. Quelques études préliminaires sont indispensables pour retrouver la Rome ancienne dans la Rome moderne. Là, comme ailleurs, ce n'est pas impunément que les antiques édifices ont traversé tant de vicissitudes politiques et religieuses, tant d'habitudes différentes, tant de mœurs opposées. Leur distribution intérieure a disparu, comme leur décoration ou leur ameublement, avec les anciennes institutions et les anciennes croyances. Le pavé des routes, les ponts, les aqueducs, les égouts immenses, les portes triomphales, les colonnes militaires, ont pu rester intacts ou du moins se conserver assez pour que l'ensemble en pût être, par la pensée, facilement reconstruit : les habitations particulières ont fait place à des habitations d'un autre ordre. Quelques demeures privilégiées subsistent encore ; mais, comme les temples, les théâtres, les cirques, réduites à leurs traits principaux, à leur charpente constitutive. Ce qui reste du Forum (1), ou même de l'amphi-

(1) Aujourd'hui le marché aux bœufs (*Campo Vaccino*).

théâtre colossal de Titus, de la villa si vaste d'Adrien, nous peut-il dire les étranges spectacles dont ces portiques, ces galeries, cette arène, furent témoins autrefois ! — Ailleurs, dans une campagne inculte et déserte, le temps a fait ce qu'a fait ici la main de l'homme.

Ces débris, aidés même des éclaircissements que les écrits contemporains leur prêtent, ne donnent pas toujours beaucoup de lumière sur les usages publics des Romains, et nous laissent dans une ignorance presque totale sur leur vie intérieure. Ce n'est pas que leurs livres ne contiennent, sur leur architecture publique ou particulière, un assez bon nombre de détails; mais ces livres s'adressent à des lecteurs à qui suffisait le nom des choses, attendu qu'ils avaient les choses mêmes sous les yeux. Pour nous, à qui ce sont précisément ces mêmes choses qui manquent, l'explication reste une énigme.

S'il en fallait un exemple, je vous citerais les deux lettres où *Pline le Jeune*, le neveu et le fils adoptif du naturaliste, donne la description de deux de ses maisons de campagne, de celle de *Laurente* et de celle de *Toscane;* la première, au bord de la mer, à quelques milles au sud-est de Rome; la seconde, au nord-ouest, au pied des Apennins. Ces lettres présentent, dès le début, les termes d'architecture domestique, employés par *Vitruve*, et sans plus de clarté; telle est, entre autres, la dénomination d'*atrium*.

La description du Laurentum de Pline, commence ainsi : « La maison est vaste et commode, sans être à charge. Elle offre d'abord un *atrium* fort sage et point trop négligé; des galeries (*porticus*) se rejoignent, à l'entour en forme de D et enclosent une *area*, petite, mais riante. Ces galeries sont un excellent abri contre le mauvais temps; car elles sont garanties par les vitres (*specularia*) qui les ferment, et bien plus encore par le toit avancé qui les couvre. Vis-à-vis le milieu de ces galeries, est un *cavœdium* qui les égaie. Vient ensuite une salle à manger (*triclinium*), assez belle, qui s'avance vers le rivage... » [Liv. II. lettre 17.]

Vainement Pline le Jeune avait témoigné, par les détails les plus minutieux, sa prédilection pour cette *villa*, où toute chose était si parfaitement moulée sur ses goûts personnels et dans laquelle l'*Hygiène de l'homme de lettres* voyait réalisées par l'opulence ses plus fécondes prescriptions; vainement il avait conduit le lecteur par la main, à travers ces galeries ou ces chambres, aussi diligemment pourvues de lumière, de chaleur, de fraîcheur que de vues maritimes ou champêtres; vainement il avait ouvert la triple ou quadruple salle de bains, le jeu de paume, le gymnase des serviteurs, les jardins, les pavillons écartés et ce lieu chéri de solitude et de liberté, d'où il s'écriait : « O mer, ô rivage, musée secret et sincère, que de choses vous me dites! » — pendant des siècles, les architectes qui avaient tenté de traduire cette description par des lignes, n'avaient pu même en éclaircir le premier mot. L'*atrium* était resté, pour eux, le vague synonyme d'entrée, de vestibule.

Pline qui adressa plus d'une fois à la postérité les lettres mêmes que ses amis les plus intimes devaient recevoir (1), Pline pouvait-il prévoir que ces lettres arriveraient à leur adresse, dénuées du commentaire que toute grande habitation y joignait de son temps! Pouvait-il s'attendre qu'un jour viendrait où nul ne saurait plus ce qu'était la principale salle d'une maison romaine!

Les livres antiques ont leurs obscurités; les

(1) « Que les générations futures se souviennent de nous! écrit-il à son ami *Tacite*; nous le méritons, par notre respect pour elles. » Livre IX, lettre 14.

édifices qui sont encore debout ont les leurs. Tantôt ce sont les débris qui manquent pour éclaircir les indications des orateurs, des historiens, des poètes. Tantôt ce sont les indications écrites qui manquent pour l'interprétation des débris eux-mêmes.

Je vous ai parlé de Rome et de ces précieuses collines du bord du Tibre ou du rivage d'Ostie, qui sont autant de carrières de statues, de fûts de colonnes, de tombeaux, d'inscriptions. Je dois ajouter que, pour l'intelligence de ces ruines, pour l'intelligence, surtout, des beaux écrits qui doivent leur survivre, le sol de l'Italie gardait ailleurs à l'insu de tous, un reste moins incomplet de la vie publique et privée de ses anciens maîtres.

Nous touchons ici à l'un des deux plus grands événements que présente l'histoire de l'Archéologie moderne (1).

Cet événement nous reporte aux premières années du dernier siècle. Un prince d'Elbœuf, Emmanuel, venu à Naples en 1706, comme général au service de Charles III, s'y marie en 1713. Vers le même temps, il fait bâtir une maison de campagne au bord de la mer, entre

(1) L'autre de ces événements se rapporte à l'Obélisque de Luxor.

Portici et *Résina*, à deux lieues de Naples, au sud-ouest du *Vésuve*, sur un roc de lave, dans le lieu communément appelé *Granatello*. Les ouvriers, creusant un puits, rencontrent une cavité, y pénètrent et trouvent, sous un tuf de cendres volcaniques, divers fragments de marbre taillé. Ils extraient, en outre, trois grandes statues de femmes, drapées. Malheureusement le secret ne peut être gardé ; les trois statues sont réclamées par le vice-roi autrichien et vont orner un jardin de Vienne ; puis, plus tard, de Dresde. Défense est faite de continuer des fouilles que l'empereur se réserve.

Une autre version veut qu'un boulanger de *Résina* ait fait creuser le puits dont je viens de parler ; qu'il ait vendu au prince d'Elbeuf des marbres extraits de cette mine d'antiquités ; puis ait fini par vendre à ce prince la mine elle-même, que le gouvernement fit bientôt fermer. Que signifiaient, pourtant, ces statues et ces marbres, enfouis si profondément sous la cendre du Vésuve ?

« On fut, écrit *Winckelman*, plus de trente ans sans y penser. Enfin, le roi d'Espagne, devenu paisible posseseurs du trône de Naples, qu'il avait conquis, fit choix de *Portici* pour y passer le printemps. Le puits subsistait encore, et, par ordre du roi, l'on poussa les fouilles plus loin, jusqu'à ce que l'on trouvât des bâtiments. » On reconnut alors que le puits en question s'abouchait, à la profondeur d'environ vingt-deux mètres sous le roc de lave et le tuf de cendres, au-dessus des gradins d'un théâtre. On reconnut ensuite, au voisinage de ce théâtre, deux temples, un portique de quarante colonnes; plusieurs rues, tirées au cordeau, pavées de lave, comme celles de Naples, pourvues de trottoirs et bordées de maisons splendides. Comme les temples, les maisons offraient encore leurs mobiliers, leurs ciselures, leurs peintures.

Y songez-vous, mes amis! toute une ville romaine, conservée pendant tant de siècles, à l'abri de tant d'invasions, à quinze ou vingt mètres au-dessous des pieds qui foulent le sol de Portici et de Résina! Et là, le secret de la vie publique et privée des anciens, subitement dévoilé non plus par des inscriptions isolées, des statues incertaines, des bas-reliefs, des médailles, mais par le matériel entier de l'existence, depuis, la distribution des demeures, jusqu'aux moindres ustensiles de ménage, depuis les plus précieuses collections de livres et de tableaux, jusqu'aux approvisionnements de vin, d'huile, de pain, de fruits! Il n'est pas besoin d'insister; une telle découverte parle, d'elle-même, assez haut à la pensée de tous ceux qui ne sont pas entièrement étrangers au passé. Mais, en même temps, quelle accablante impression s'y mêle, au souvenir des circonstances qui ont soustrait cette ville à la destinée commune des autres villes romaines!

Ces circonstances, elles sont assez clairement écrites dans les couches successives que les excavations ont eu à percer, dans ce tuf de cendres volcaniques, dans le roc de lave qu'il supporte, et surtout dans les restes des victimes, heureusement peu nombreuses, qui n'ont pu se dérober au péril par la fuite. La source, toujours fumante de cendres ou de laves rougies qui se dresse derrière Résina, montre d'ailleurs, plus d'une fois, chaque siècle, comment elle s'y est prise pour ensevelir ainsi toute une ville.

Cette ville mystérieuse, quel est son nom? Plusieurs hypothèses contraires avaient déjà cours, à ce sujet, lorsque diverses inscriptions, une, entre autres, trouvée dans le théâtre, vinrent apprendre que cette ville était une de celles dont on n'avait pu déterminer le véritable emplacement; que c'était Herculanum (ou l'Herculéenne), située, au dire de *Strabon*, de

Sénèque, de *Pline*, de *Denis d'Halicarnasse*, entre la ville de *Néapolis* (Naples) et celle des Pompéins ou des *Pompeii*.

Pompéi, dont le nom se lie, chez ces divers écrivains, à celui d'Herculanum, en raison du simple voisinage, lui est associée, dans les questions de *Sénèque*, et dans le recueil de *Dion Cassius*, par la communauté d'infortune. « J'ai appris, écrit Sénèque, que *Pompéi*, ville peuplée de la *Campanie*, vers laquelle se rencontrent, d'une part, la côte d'*Herculanum*, de l'autre, celle de *Sorrente*, et de *Stabies*, et qu'une mer libre enceint dans un agréable contour, s'est écroulée par un tremblement de terre. Tous les environs ont beaucoup souffert; et cela, en hiver, dans une saison que nos pères croyaient exempte d'un tel péril ». Il ajoute qu'une partie de la ville d'*Herculanum* s'est écroulée. Ce tremblement de terre, qui appartient au mois de février de l'an 63 de notre ère (l'an II de l'empire de Néron), est mentionné, ainsi que la ruine d'une partie de Pompéi, au livre XV des annales de *Tacite* (1).

Les expressions de *Dion Cassius* (écrivain du

(1) C'est aussi au mois de février que l'affreux tremblement de terre de la Calabre fit tant de victimes, en 1783.

troisième siècle de notre ère) se rapportent à une catastrophe plus terrible encore. « Deux villes entières, dit-il, *Herculanum* et *Pompéi*, au moment où les habitants étaient assis au théâtre, furent, de toutes parts, couvertes par le Vésuve ».

Herculanum retrouvé, restait à découvrir Pompéi. En 1750, un vigneron de *Torre dell' Annunziata*, qui faisait une plantation d'arbres, — heurtant de sa bêche une statue de bronze, à l'est de ce bourg, — devança des recherches plus méthodiques.

Une autre ville romaine attendait là, sous un magnifique vignoble et presque à fleur de terre, que les vivants se ressouvinssent d'elle (1).

(1) Le nom de *Civita*, donné à cet endroit, semblerait annoncer qu'elle n'avait pas été oubliée. Les premiers indices de ruines, y remontent à l'année 1689. Nous y verrons même un mur extérieur de théâtre, assez élevé pour avoir, de tout temps, dépassé le sol. Mais ici, comme dans la plupart des découvertes, pour chercher ce que ces indices semblaient promettre, il fallait l'avoir trouvé d'ailleurs. — Il est bien surprenant que Pompéi n'ait pas été découverte la première : en 1592, le célèbre architecte *Dominique Fontana*, pour amener les eaux du *Sarno*, du côté ortental de Pompéi à Torre dell' Annunziata qui est l'ouest de cette ville, fit creuser un canal souterrain à travers la colline sur laquelle Pompéi est assise ; les ouvriers durent rencontrer plus d'une fois des fondations d'édifices.

Dans la *ville souterraine, découverte au pied du Vésuve*, éclairée seulement par le puits dont nous avons parlé, et la faible lueur des bougies, obstruée, d'ailleurs, par les étais ou les décombres, toute vue d'ensemble était impossible. A moins de sacrifier Portici et Résina, il fallait renoncer à l'espoir, un instant conçu, de voir reparaître au jour toute une ville romaine. — *Pompéi*, recouverte à peine de deux à trois mètres de cendre volcanique, ne pouvait s'offrir plus à propos. Là, point de roc à percer; pas de villes modernes à détruire; rien qu'un mince couvercle de tombeau à déplacer. Rues, places publiques, temples, tribunaux, théâtres, habitations particulières, ateliers, magasins, toutes choses allaient apparaître avec leurs proportions respectives. Les moindres détails allaient être facilement saisis, encadrés dans la même verdure, animés par le même soleil qu'autrefois. L'Europe, pour qui les souvenirs grecs et romains sont, en partie, des souvenirs de famille, allait avoir, à trois lieues de Naples, le *Musée des antiques* le plus complet. Au lieu d'une image incertaine, entrevue à travers le nuage des conjectures, ce serait, cette fois, l'antiquité en personne que le voyageur aurait sous les yeux, et, de plus, il la verrait chez elle, sous son propre ciel, sur son véritable sol, au milieu de son entourage habituel; car, sans doute, les moindres objets, retirés des cendres, allaient être religieusement remis en place. Les instruments de sacrifice, près de l'autel, les armes appendues à la muraille, les amphores dans le cellier, la balance sur le comptoir, le rabot sur l'établi, les manuscrits dans le cabinet d'études, allaient sembler, en ces demeures exhumées, attendre le retour d'une population absente. A cette réunion si fort exceptionnelle, joignez les circonstances de la grande catastrophe, aussi clairement écrites en cette ville qu'au-dessous de Résina et de Portici, et dans plus d'un édifice, les ossements bien moins rares ici, des femmes, des enfants, des vieillards, des jeunes hommes même qui périrent, pour avoir trop compté, peut-être, sur l'éloignement de la montagne. L'imagination eut-elle jamais tant d'appuis dans un champ si vaste?

Nous verrons tout-à-l'heure comment les fouilles pompéiennes répondent à ces séduisantes promesses.

Le texte de Dion est la seule preuve que le malheur des deux villes ait été l'effet de la même éruption. Tacite, en tête de son histoire, annonce qu'il aura, dans cet ouvrage, à parler « de villes englouties ou étouffées, sur le fertile rivage de la Campagnie ; » mais le *livre* où devait se trouver le récit de ces mémorables calamités, ne nous est point parvenu.

Quant à l'éruption à laquelle doit être attribuée la perte des deux villes, on s'accorde généralement à reconnaître que c'est celle de la première année de l'empire de Titus (l'an 79 de notre ère) : celle-là même dans laquelle périt Pline le naturaliste, et dont *Stace*, *Martial*, *Suétone* et surtout *Pline le Jeune*, ont conservé le souvenir (1). Vous serez sans doute bien aises de trouver ici le récit de Pline le Jeune.

Tacite (quinze ou vingt ans, peut-être, après l'évènement) lui demande, pour son histoire, les circonstances de la mort de son oncle ; Pline le Jeune se renferme, avec la rigueur de la discrétion antique, dans le cercle que lui trace

(1) Une dissertation napolitaine (citée dans le *Magasin encyclopédique*, *an* IX, *tome* IV) tendrait à prouver que Pompéi et Herculanum survécurent à cette éruption, et ne furent détruits que par l'éruption de 471. Mais les monnaies, trouvées dans les ruines, ne confirment pas cette opinion. Cette dissertation mentionne, en outre, des fouilles faites avant 1600, au-dessus de Pompéi, et considérées alors, comme décidant la question de la véritable place d'Herculanum, mais sans autre soupçon.

cette demande ; les noms mêmes d'Herculanum et de Pompéi, ne paraissent pas dans sa réponse (liv. VI, lettre 16). Il rappelle, toutefois, pour la gloire de son oncle, qu'il a péri « dans le désastre des plus belles contrées, *comme des peuples*, *comme des villes*, par une fin mémorable, et comme devant vivre à jamais. » — « Heureux, ajoute-t-il, ceux à qui il est donné par les dieux d'exécuter des choses qui soient dignes d'être écrites, ou d'en écrire qui soient dignes d'être lues ! Plus heureux encore ceux à qui il est donné de faire l'un et l'autre ! Mon oncle sera de ces derniers, par ses ouvrages et par les tiens ».

« Il était à *Misène*, continue-t-il, et commendait la flotte en personne. Le neuvième jour, avant les calendes de septembre (23 août), vers la septième heure (une heure après-midi), ma mère l'avertit que l'on voit un nuage d'une grandeur et d'une forme inaccoutumées. Après l'insolation (1) et le bain froid, il avait goûté et étudiait étendu sur son lit. Il demande sa chaussure et monte à l'endroit d'où cette sin-

(1) C'est-à-dire après sa promenade au soleil, le corps nu et huilé. Ses habitudes, à cet égard, sont rappelées par Pline le Jeune dans une lettre (la 5e du livre III), consacrée à l'énumération des ouvrages de son oncle ; on y voit que le naturaliste mourut à cinquante-six ans.

gularité peut être le mieux aperçue. Un nuage se dressait sans que l'on pût dire de quelle montagne (on sut plus tard que c'était du Vésuve), semblable à un pin; montant vers le ciel, comme d'une tige très-élevée, il s'élargissait en une sorte de tête d'arbre, tantôt blanc, tantôt taché et sali, selon qu'il entraînait de la cendre ou de la terre. Cela parut à un aussi savant homme une grande chose et digne d'être vue de plus près. Il commande de préparer une liburnique. Il me permet de l'accompagner; je réponds que je préfère étudier; justement il m'avait donné ma tâche (1). Il sortait de la maison : une lettre lui est remise. Retina (2), femme de C. Bassus, effrayée (sa villa était au pied de la montagne, et il n'y avait de fuite que par la mer), le priait de l'arracher à ce danger. — Sa pensée change de direction, et ce qu'il avait commencé par curiosité, il l'accomplit par héroïsme. Il fait détacher les quadrirènes et s'embarque lui-même, pour porter secours, non-seulement à Retina, mais à beaucoup d'autres, car la douceur de ce rivage l'avait fort peuplé. Il se hâta d'aller à l'endroit d'où les autres s'enfuient; il se dirige

(1) Pline le Jeune avait alors dix-huit ans.

(2) D'autres textes présentent ce nom comme celui d'une villa ou d'une sorte de casernement des troupes de mer.

vers le péril, si sincèrement libre de crainte, qu'il dicte et fait écrire tous les mouvements, toutes les apparences de ce fléau, à mesure que son regard attentif les saisit.

« Déjà la cendre tombait sur les navires, plus chaude et plus épaisse à mesure qu'ils approchaient davantage. Déjà s'y joignaient des ponces et des pierres noires, calcinées et brisées par le feu. Déjà même une vase subite s'élevait du fond de l'eau, et, par les éboulements de la montagne, surgissait un rivage inabordable. Il hésite un instant s'il retournera sur ses pas ; puis, le pilote l'engageant à le faire : « *Non*, dit-il, *la fortune aime la force d'âme; chez Pomponianus!* » — Pomponianus était à *Stabies*, séparé de là par la moitié du golfe. Bi en que le danger ne fût pas proche encore, comme il se montrait et menaçait, en s'accroissant de s'approcher rapidement, Pomponianus avait tout fait porter sur les vaisseaux, assuré d'une retraite, si le vent contraire s'apaisait. Porté par le même vent, pour lui si favorable, mon oncle arrive, l'embrasse tremblant, le console, l'encourage. Pour calmer sa frayeur par sa tranquillité, il se fait mettre au bain, puis prend place auprès de lui et soupe gaîment, ou, ce qui est également grand, avec l'apparence de la gaîté.

En ce même instant, du mont Vésuve, en plusieurs lieux, les plus larges flammes, les feux les plus élevés, resplendissaient au loin, d'un rouge ou d'un blanc plus vif encore par les ténèbres de la nuit. Lui, pour rassurer ses hôtes, disait que c'étaient des fermes abandonnées qui brûlaient dans la campagne. Il va se livrer au repos et s'assoupit réellement, car son souffle, que sa grosseur rendait embarrassé et bruyant, était entendu près de la porte. Mais l'area (le pavé de la salle en partie découverte), par laquelle on entrait dans sa chambre (diæta), était déjà si fort exhaussée par la cendre et les ponces, qu'en restant au lit plus longtemps, il risquait de ne pouvoir plus sortir. On l'éveille; il se lève et se joint à Pomponianus et à ceux qui avaient veillé. Ils délibèrent s'ils resteraient à l'abri des murs ou s'ils gagneraient la campagne.

Les murailles vacillaient, ébranlées par de fréquentes et terribles secousses; comme détachées de leur base, elles allaient et venaient, tantôt d'un côté, tantôt de l'autre. A ciel découvert, on avait à craindre la chute des pierres, bien que légères et rongées par le feu. Entre ces périls, l'assemblée opte pour le dernier. Pour lui, des raisons sont en balance; pour les autres, des craintes. Ils sortent, après avoir fixé des oreillers sur leur tête.

« Le jour reparaissait ailleurs, mais, là, une nuit plus noire que toutes les nuits durait encore, éclairée cependant par une foule de torches et par des lumières de diverses sortes. Il voulut sortir du côté du rivage et voir ce que permettait la mer, qui restait toujours agitée et déserte. Là, étendu sur un drap jeté à terre, il demande de l'eau, à deux reprises différentes, et la boit. Ensuite la fumée et l'odeur du soufre qui annoncent des flammes et mettent les autres en fuite, le réveillent. Appuyé sur deux serviteurs, il se lève et tombe aussitôt, la respiration interrompue, je pense, par un air trop épais, faible qu'il était de poitrine et facilement hors d'haleine.

» Dès que la lumière revint (le troisième jour après le dernier qu'il eût vu), son corps fut retrouvé intact, sans blessure (1), et couvert du vêtement qu'il portait. Son extérieur, était celui du repos, plutôt que de la mort. — Pendant ce temps, j'étais à Misène, avec ma mère...

(1) Ces détails repondent au bruit public recueilli par *Suétone,* « que Pline le naturaliste avait ordonné à l'un de ses serviteurs de le frapper d'une épée. »

Mais je m'arrête, cela n'appartient pas à l'histoire. » (1)

La position élevée de Pompéi et son éloignement du Vésuve, la tenaient à l'abri du torrent de laves; elle fut étouffée sous cette pluie épaisse et continue de cendres et de pierres, dont Pline le Jeune vient de nous parler. Versée à l'état d'eau grisâtre ou de boue molle, cette cendre pénétra, comme la vapeur brûlante qui la détrempait, là où la poussière pure et simple se fût fait obstacle à elle-même.

Entre les exemples modernes qui peuvent donner idée d'un tel fait, je vous citerai la pluie de cendres, qui, dans la célèbre éruption de 1779, faillit enfouir la petite ville d'*Ottaiano*, au nord du Vésuve, au pied de la montagne de la *Somme*. « Le soir du 8 août, écrit un voyageur

(1) Comme Tacite, vous demanderez sans doute ce que devinrent la sœur de Pline et son fils. La réponse est dans une seconde lettre à Tacite (livre V, lettre 20).

Quant à cette ville de *Stabies*, près de laquelle meurt le Naturaliste, lui-même nous apprend dans son Histoire naturelle (livre V) que détruite par Sylla, dans la guerre sociale, elle n'était plus, de son temps, qu'un assemblage de villas. A cette ville appartinrent, à ce que l'on croit, plusieurs maisons, retrouvées, comme à Pompéi, sous les cendres volcaniques, entre *Gragnano* et *Castellamare*. Les meubles et les peintures ont été portés au musée de Naples, et les excavations ont été comblées.

anglais, le bruit augmenta, et le feu commença à se montrer au-dessus de la montagne de la *Somme*. La plupart des habitants d'*Ottaiano*, se réfugièrent dans les églises ; les autres se préparaient à quitter la ville, quand une violente explosion se fit entendre, après laquelle ils se trouvèrent enveloppés d'un nuage épais de fumée et de cendre fine ; et un horrible cliquetis, dans l'air, annonça une pluie de pierres et de scories, quelques-unes de six à sept pieds et du poids de plus de cent livres avant leur rupture à terre ; nombre d'éclats pesaient encore plus de soixante livres. Lorsque ces masses vitrifiées se rencontraient en l'air, ou tombaient à terre, elles couvraient, en se brisant, un large espace de vives étincelles qui communiquaient leur chaleur à tous les objets combustibles. En un instant, la ville et la campagne, furent embrasées en maint endroit. Toutes les cabanes de paille, dans les vignes, furent brûlées ; un grand chantier, au cœur de la ville, devint la proie des flammes, et s'il y avait eu du vent, les habitants eussent été atteints par le feu dans leurs maisons ; car il était impossible de sortir. Quelques-uns ayant tenté de le faire, avec des oreillers, des tables, des baquets renversés sur leur tête, furent, dès les premiers pas, jetés à terre et contraints de se réfugier dans les caves. Il y eut un grand nombre de blessés. Il ne périt que deux personnes. Pour ajouter à l'horreur de cette scène, un tonnerre volcanique perçait, sans cesse, de ses éclairs, le nuage noir étendu au-dessus de la ville. La chaleur et la vapeur de soufre permettaient à peine de respirer. Vingt-cinq minutes s'écoulèrent dans cette effroyable situation; après quoi la fureur du volcan s'arrêta tout-à-coup. Quelques minutes de plus, et Ottaiano avait le sort de Pompéi. »

La couche de neige, sous laquelle disparaissent les inégalités d'un champ, vous permet de vous représenter l'aspect de ces vallées et de ces collines après l'éruption; seulement sous ce drap gris, étendu de toutes parts, les plus grands arbres ont disparu comme l'herbe, et l'homme comme la fourmi.

A Herculanum plusieurs coulées de lave scellèrent successivement (peut-être même à des intervalles éloignés) ce sépulcre de neige volcanique : comparables à celles qui, dans l'éruption de 1794, couvrirent toute la partie occidentale du bourg de Torre del Greco à la hauteur de quarante pieds, et parvenues à la mer, y formèrent un promontoire de deux cents mètres de long sur quinze de haut et quinze cents de large.

Les indications qui précèdent suffisent pour vous convaincre que les ruines de Pompéi et d'Herculanum ne sont pas la propriété exclusive des *Archéologues*; à un titre ou à un autre, elles nous appartiennent à tous. Ne fût-ce qu'au nom des calamités qu'elles rappellent, nous leur devrions, ce semble, de faire pour elles, le voyage de Naples, au moins par la pensée.

Le siècle dont elles sont le témoin le plus sincère, mérite aussi que nous fassions, pour lui, ce voyage. Ce siècle a dû voir, en Italie du moins, avant la complète irruption des coutumes orientales ce que pouvaient faire ensemble de plus attrayant, Rome et la Grèce; l'âpre génie conquérant et disciplinateur avec ses institutions toutes septentrionales, et le génie artistique le plus souple. Ce que ce siècle a dû voir, Herculanum et Pompéi peuvent nous le montrer. Un tel tableau (résumé, lui-même, de tant de choses!) est du plus haut intérêt. Il n'est pas à craindre, du reste, que ce tableau nous en impose et nous conduise au nom de la loi ou du plaisir, à faire abstraction de l'humanité. Toutes les œuvres du siècle qui vit grandir Pline le Jeune, fussent-elles empreintes de l'élégante simplicité qui brille dans ses Lettres, nous n'en verrions pas moins ce siècle enfermé comme cet ingénieux écrivain, par les traditions militaires et administratives de Rome et par la persistance de l'esclavage antique, dans un cercle qui ne saurait s'ouvrir, de lui-même, à une conception des relations humaines plus équitable et plus féconde.

Ces derniers mots vous rappellent les sentiments et les pensées du christianisme qui allaient renouveler le monde. Vous pensez qu'il pourrait y en avoir quelque trace en des villes qui étaient comme les faubourgs ou les rendez-vous de plaisance de Rome, et qui sont encore telles que les laissa l'an 79 de l'ère chrétienne. Votre conjecture est certainement à joindre aux motifs qui peuvent nous faire visiter ces deux villes.

Faut-il ajouter que nous sommes assurés d'y trouver les notions les plus précises sur l'état des connaissances physiques ou chimiques, des procédés agricoles, des fabrications diverses, des manœuvres marines, tout comme sur la hiérarchie domestique, civile, judiciaire, militaire.

En essayant de vous donner une idée de ces deux villes romaines, je ne puis espérer de vous faire connaître toutes les particularités que le *Cicerone* y débite à chaque pas. Du moins les détails que vous allez lire, vous inspireront-ils le désir de visiter, à défaut de ces villes mêmes, quelqu'une des grandes publications qui leur ont été consacrées, et qui, par leurs nombreuses gravures, permettent mieux qu'une description écrite, de s'en faire une idée juste (1).

Si, partant de Naples, nous ne consultions que l'ordre d'importance primitive ou la proximité, ce serait Herculanum que nous aurions à visiter d'abord. Mais à l'exception de son théâtre et de quelques colonnes voisines, les édifices que les fouilles souterraines avaient mis à nu, ont été de nouveau ensevelis sous les décombres. Ces monuments même, c'est à Pompéi qu'il nous eût fallu aller apprendre à les voir (2).

Nous sortons de Naples par la route de

(1) Le défaut de la plupart de ces ouvrages, c'est de nous faire voir les objets (les temples, les colonnades, les habitations particulières) beaucoup plus grands qu'ils ne le sont. Il faut aussi se tenir quelque peu en garde contre les essais de *restitution* qui n'attestent souvent que la richesse d'imagination de nos architectes. Enfin, il ne faut pas s'attendre à trouver aux peintures exhumées, l'éclat de coloration que presentent leurs *fac simile* modernes.

(2) Nous dirons un mot, ci-après, du petit nombre de fouilles herculanéennes faites récemment *à ciel découvert.*

Nocère; nous suivons la côte, à travers une longue suite de maisons et de jardins. Nous passons à *Portici* et à *Résina* qui lui est contiguë, non sans penser aux trésors enfouis sous nos pieds. Nous traversons ensuite *Torre del Greco* et les monceaux de lave, dont nous suivons, de l'œil jusqu'à la mer, les noirs torrents solidifiés et hérissés de pointes ; à *Torre dell' Annunziata*, nous respirons enfin ; des vignobles et des vergers d'un aspect riant sont devant nous. A deux kilomètres, après avoir cheminé le long d'un canal bordé de saules, qui amène à Torre dell' Annunziata les eaux du *Sarno*, nous trouvons un embranchement à gauche de la route qui, par son inscription (Via di Pompéi), nous annonce que nous approchons du but. Laissons la route et suivons ce sentier (1), bientôt encaissé entre deux talus couverts de vignes. Quelques pas encore, et,

(1) En continuant de suivre la route et longeant une petite colline couverte de peupliers et de vigne, et formée par les cendres même sous lesquelles Pompéi fut enfouie, nous passerions, séparés de cette ville par les décombres qui en ont été retirés, au midi de ses murs. C'est de ce côté que l'on y entre ordinairement. La première chose qui s'offre alors est une petite place entourée de portiques à colonnes et de chambres, désignée sous le nom de *Quartiers des soldats*.

devant vous entre ces talus verdoyants, ces murs à demi ruinés, ces colonnes, de chaque côté du chemin, ces massifs de briques, de pierre, de marbre, c'est la ville Romaine, ou, du moins, son faubourg occidental ; le sol de cette rue qui monte vers l'une des portes de la ville, avec un double trottoir, c'est le pavé antique. La trace des roues y est encore empreinte. Ces massifs de pierre, au bord du chemin, ce sont des tombeaux.

A l'exception de quelques-uns de ces tombeaux parfaitement intacts, ce sont des ruines que vous allez voir ; mais ces ruines, la plupart du moins, tracent sur le sol le plan le plus complet de l'édifice auquel elles appartiennent. Partout, à l'exception de quelques voûtes, la toiture des habitations a disparu. Ce n'est pas d'ailleurs par leur hauteur que ces ruines nous émeuvent ; les pans de muraille les plus élevés ont à peine cinq à six mètres.

Suivons cette *rue des Tombeaux*, donnant seulement un regard, en passant, aux édifices qu'elle nous offre.

Le premier de tous, c'est, à droite, l'habitation que l'on désigne sous le nom de *La maison de campagne* ou bien d'*Arrius Diomède*. Cette maison, l'une des plus agréablement situées et des plus ornées, fut une des premières qui furent découvertes ; elle s'étend sur le bord d'une colline qui descendait vers la mer, alors beaucoup plus rapprochée de la ville. De ses terrasses, l'œil embrassait tout le littoral, de l'île d'Ischia à celle de Caprée. Nous y reviendrons plus tard. Le malheureux sort de ses habitants y attache plus encore que son habile distribution, ses bains particuliers, ses mosaïques, ses peintures.

Du même côté, se voient, presqu'à la suite l'un de l'autre, chacun au milieu d'un petit enclos, quatre cippes de marbre blanc, élevés sur des gradins et ornés de bas-reliefs. Ce sont les tombeaux de *Nævoleia Tyche*, celui de *Calventius Quietus*, un tombeau rond sans inscription, et le tombeau de *Scaurus*.

Entre la maison de campagne et le premier cippe, une porte, haute de quatre pieds à peine, surmontée d'un fronton, conduit à une salle, désignée sous le nom de *Triclinium funèbre*, et destinée à des repas funéraires. Au-delà du tombeau de Nævoleia est un enclos sans entrée, appelé l'enclos de la famille Nistacida (1). Au-

(1) Cet enclos renferme deux colonnes à tête, qui portent chacune un nom. Une inscription, sur le mur, apprend que cet enclos avait *quinze pieds carrés* : ce qui, d'après

delà du tombeau de Scaurus, se voient des citernes et l'entrée d'une autre maison de campagne, décorée en 1764, lors des fouilles, du nom de Cicéron (1), puis réensevelie sous les décombres. Vient ensuite un banc de marbre, à dossier de marbre, demi circulaire, parfaitement conservé; consacré, comme le porte une inscription, par un décret des décurions, à la prêtresse Mammia. Derrière, est un tombeau qui porte le même nom. Un tombeau sépare, au bord de la rue, ce banc demi circulaire d'un autre banc pareil. Ce côté se termine par un petit édifice, contigu aux remparts, et dont l'entrée, en arcade, paraît avoir servi de guérite. Du moins les fouilles y ont-elles fait trouver les ossements d'une sentinelle armée de la lance, que la pluie de cendres et de pierres n'avait pas déliée de sa consigne.

Les tombeaux de l'autre côté de la rue, sont en général moins bien conservés. Le premier,

la mesure de *Mazois*, fixe le pied romain à 10 pouces 10 lignes 4 dixièmes (29 centimètres). On a d'ailleurs retrouvé des *pieds romains* dans les fouilles

(1) « Mon *Tusculum* et mon *Pompeianum* me plaisent beaucoup, » écrit *Cicéron*. Pline le Jeune, outre les deux villas dont nous avons parlé, outre deux autres villas auprès de Côme, sa ville natale en possédait, comme Cicéron, une auprès de Tusculum *et une en Campanie.*

placé vis-à-vis la *Maison de campagne*, orné de pilastres corynthiens, et portant deux faisceaux sur sa façade, nous apprend, par une inscription placée dans un panneau, qu'il fut consacré à la mémoire d'Arrius et de sa famille. Deux pierres tumulaires, arrondies par le haut sont consacrées l'une, au fils aîné, l'autre, à la neuvième fille d'Arrius. Vient ensuite un tombeau de même forme (celui de Labéon et Lucius Caius), dont la partie supérieure est détruite, et le bas-relief effacé; puis un tombeau en forme de piédestal, très-simple, haut de trois mètres, en pierre, érigé par la prêtresse de Cérès, *Alleia Decimilla*, à son mari et à son fils, « décurion, mort à dix-sept ans, sur un terrain voté par les décurions. » Nous arrivons ensuite à un portique, bordé de boutiques, en avant d'une grande hôtellerie, on y trouva, dans la cour, un squelette d'âne et une charette, près d'un abreuvoir. Au-delà, se voit un banc demi circulaire, au pied d'une sorte de niche cintrée, haute et large, dont l'intérieur est orné de peintures. Des tuiles modernes en recouvrent le fronton ; aucune inscription n'en apprend l'origine. Nous rencontrons, après diverses tombes ruinées, à l'embranchement d'une rue extérieure, une plate-forme élevée, que l'on suppose, à son isolement et à son état de délabrement, avoir été destinée au brûlement des corps. Le dernier monument, de ce côté, est, auprès de l'entrée de la ville, un piédestal qui paraît avoir porté une haute colonne funéraire.

La plupart de ces tombeaux sont d'une grande simplicité, comme l'inscription qu'ils portent. Tous ont une chambre intérieure, où l'on trouve, en des niches, des urnes remplies de cendres, des vases, des lampes. Entre ces urnes, le tombeau de Nævoleia Tyche en contenait trois en verre, chacune dans un vase de plomb. Elles renfermaient une liqueur qui a paru être un mélange d'eau, de vin et d'huile. Toutes les urnes du tombeau de Scaurus avaient été enlevées. Les niches n'offraient plus que des fragments d'os brûlés et une petite lampe en terre cuite. Dans un tombeau sans nom, vis-à-vis celui de Quietus, dont la porte était en marbre, une niche, décorée d'un fronton, renfermait un vase d'albâtre oriental et un vase en terre rouge.

Plusieurs de ces tombeaux sont intérieurement ornés de peintures. Ceux dont le cippe est élevé sur des gradins, paraissent avoir porté une statue.

Les inscriptions indiquent, presque toutes, des services civils, administratifs, judiciaires ou religieux, récompensés aux frais de la communauté par le don d'un emplacement funéraire, sur la voie publique. Entre les distinctions dont ces citoyens furent honorés de leur vivant, est citée deux fois la chaise d'honneur, le *bisellium*. La représentation de ce siége honorifique est alors jointe à l'inscription. Le bisellium décerné à Munatius, *pour ses services* (ob merita) se voit sur l'une des faces de cippe de marbre blanc, « élevé par Nævoleia Tyche, affranchie de Julia, pour elle-même et Munatius, pour ses affranchis et affranchies et pour ceux de Munatius. » Un autre *bisellium* plus élégant encore, se voit sur le cippe de marbre le plus orné, celui de Quietus : « décerné à Quietus, par les décurions du consentement du peuple, *pour sa munificence.* » L'inscription du tombeau de Scaurus, le plus élevé de tous, porte que Scaurus l'a élevé à son fils, duumvir, sur le terrain voté par les décurions, « lesquels ont décrété *qu'il lui sera érigé une statue équestre dans le Forum*, et que 2000 sesterces seront payés, sur le trésor public, pour ses funérailles » (Scaurus pater filio). Sur le blanc de Mammia, dépendant de son tombeau, on lit : « a Mammia, fille de Publius, prêtresse publique (1), ce lieu de sépulture est donné par un décret des décurions. » — Des masques de grandeur colossale, dont on ignore le sens, se voient sur le mur, près de l'une des entrées des caveaux voûtés de cette prêtresse.

Les bas-reliefs les plus remarquables sont ceux des tombeaux de Scaurus et de Nævoleia. Ce dernier, au-dessous de l'inscription, offre la cérémonie de la consécration du monument : d'un côté les parents et parentes ; de l'autre les magistrats. Un autel sépare les deux groupes, qui chacun ont devant eux un enfant. C'est un enfant qui dépose l'offrande.

— L'une des faces latérales représente un navire, duquel des enfants carguent les voiles. Au-dessous de l'inscription, renfermée dans un encadrement richement sculpté, est une tête de femme, que l'on suppose être le portrait de Nævoleia.

Dans le tombeau de Scaurus, des bas-reliefs décorent la face extérieure du mur d'enceinte ; l'un au-dessus de la porte, décorée de pilastres ;

(1) L'un des caractères des institutions romaines, c'est que les magistratures civiles et religieuses y sont indissolublement unies.

deux autres, à côté, et placés l'un au-dessus de l'autre. Le bas-relief inférieur représente des chasses au lièvre, au cerf, au sanglier, au taureau sauvage; le bas-relief supérieur, six couples de gladiateurs, au-dessus de chacun desquels une inscription, en noir, indique son nom, son pays, le nombre de ses victoires.

Les deux premiers gladiateurs sont à cheval: leurs armes sont la lance et le bouclier rond; la visière de leur casque est baissée; leurs brassards et leurs cuissards semblent empruntés aux tournois modernes. — Les autres couples sont à pied. Le premier est arrêté à regarder les deux chevaliers. Dans le second couple, l'un des combattants, dont le sang coule de la poitrine et dont le bouclier est à terre, lève, en signe de prière, l'index de la main gauche vers les spectateurs; son adversaire attend leur réponse. Dans le troisième groupe, le vaincu à genoux, et perdant le sang par la cuisse, — condamné par les assistants, ainsi que l'annonce la *lettre de mort* au-dessus de sa tête, — est livrée à l'épée du vainqueur; derrière, se voient deux hommes armés de tridents et prêts à traîner le cadavre, hors de l'arène; l'un d'eux soutient la victime, pour que son cou ne recule pas devant l'acier. Dans le dernier groupe, un gladiateur a jeté son bouclier et fuit, poursuivi par son adversaire.

Le bas-relief au-dessus de la porte, offre deux groupes de gladiateurs. Dans l'un, le combat est achevé; le vaincu tombe sur l'arène. Dans l'autre, l'un des combattants aurait, sur-le-champ, le même sort, si un homme sans armes (le propriétaire de ces gladiateurs, sans doute) ne retenait le bras du vainqueur. (1)

Vous me pardonnerez de vous avoir arrêtés devant ces expressives images; elles nous apprennent, en dépit des sculptures et des ciselures qui pourraient nous faire illusion, elles nous apprennent que ce n'est pas une ville grecque, mais une ville romaine que nous allons voir.

Outre les tombeaux, un hémicycle (ou banc en demi-cercle) couvert, et deux hémicycles découverts; cette rue, avons-nous dit, offre une *salle à manger* funèbre. Cet enclos, qui ne dépend d'aucun autre monument, était sans doute ouvert à tous, pour certaines circonstances. Il offre une salle carrée dont les murs sont enduits de stuc et peints à compartiments.

(1) Les figures de ces bas-reliefs, sont en stuc, fixées sur l'enduit, avec des clous de bronze ou de fer.

Les peintures sont presque entièrement effacées. Un piédestal assez bas et au milieu, support de la table, à ce qu'on suppose, et sur trois côtés de ce piédestal, est élevé un banc en maçonnerie (triple lit ou tricline); vis-à-vis le piédestal, s'élève un petit autel en colonne.

Des marbres funéraires qui se disputent le bord du chemin ; des inscriptions qui disent à l'étranger les noms les plus recommandables de la ville ; des chambres sépulcrales, et, dans ces petites chambres, les restes de plusieurs familles, purifiés par le feu et rendus maniables ; près de là, pour les vivants, des bancs d'assemblée, des boutiques, des auberges, des maisons de plaisance : voilà certes une ville qui s'annonce d'une façon assez nouvelle pour nous. Mais ne nous arrêtons pas.

Nous voici devant celle des portes à laquelle on donne le nom d'Herculanum. Ce qui en reste, c'est à droite et à gauche, une petite arcade, communiquant, intérieurement par une autre, à l'arcade principale. Quant à celle-ci, elle n'a pu être conservée ; sa largeur est de quatre mètres soixante-six centimètres (quatorze pieds et demi) ; sa hauteur pouvait être de six mètres soixante six centimètres (20 pieds).

Le milieu du passage était à découvert, ou si vous voulez, cette porte formait une sorte de double arc-de-triomphe, l'un intérieur, l'autre extérieur. L'édifice est bâti en couches alternatives de briques et de blocaille. Le stuc blanc qui le revêt montre encore des inscriptions d'affiches ou d'annonces, aujourd'hui presque entièrement illisibles. On conjecture que ce monument portait un char.

A droite et à gauche, s'élèvent les remparts qui, à droite, sont interrompus à peu de distance, et annoncent que la ville a peu de développement au sud-ouest. Ces remparts sont d'une bien plus haute antiquité que la porte. Les assises inférieures, comme dans la plupart des villes étrusques, se composent de grosses pierres de un à deux mètres, posées en couches horizontales et parfaitement jointes, sans mortier. Les joints de haut en bas, sont tous plus ou moins inclinés. Les assises supérieures sont en pierre calcaire; des réparations, très-reconnaissables, attestent les ravages des tremblements de terre.

Ces remparts ont six mètres soixante-six de large, en y comprenant leur double mur; et de 6 à 9 mètres de haut. Des tours quadrangulaires qui font saillie, en dehors, s'y élèvent à des distances inégales. Un étage voûté des tours établit la communication d'un rempart à l'autre ; des créneaux se voient au bord intérieur et au bord extérieur ; ceux du premier sont plus élevés de quelques pieds ; ceux du second sont protégés en dehors, à droite et à gauche, par de fortes saillies en pierre. La partie supérieure du rempart conserve encore, en plusieurs endroits, ses gouttières en pierre.

On compte, en tout, six portes et douze tours. L'une d'elles, mise à nu, au nord-est de la ville (*Porte du Sarno*) est dépassée par les fortifications. Deux tours y gardent l'entrée d'un espèce de passage étroit, situé entre deux murs parallèles et conduisant à la porte, dont l'arcade unique, qui subsiste entière, a quatre mètres de large sur sept de haut.

Avant d'entrer dans la ville, je voudrais pouvoir vous en donner, d'un lieu élevé, une vue générale. Mais d'abord il s'en faut bien qu'elle soit tout entière sortie de son sépulcre. Des monticules de cendres volcaniques, couverts de vignobles, séparent les différentes parties qui ont été mises à nu. Le mur d'enceinte est seul dégagé, à peu de chose près, dans tout son circuit. En outre, quand le déblaiement serait achevé, on ne pourrait de loin prendre une idée juste que de ses paces libres, tels que les rues et quelques points fortrares, au milieu de ces pans de murs sans toiture, de ces colonnades sans architrave, de ces piliers inégaux.

Il ne nous reste, en fait de point de vue général, d'autre ressource que de jeter les yeux sur la carte des fouilles. Cette carte nous fait voir que Pompéi avait à-peu-près la forme d'un œuf, dont la pointe serait vers le sud-est, et l'autre bout, à la porte d'Herculanum. A l'extrémité nord-est, est cette *porte du Sarno* dont je vous ai parlé. Une autre porte, au sud-est, est appelée *porte de Stabies*; une autre, au nord, prend le nom de *porte du Vésuve*.

A l'exception de quelques fouilles auprès de la porte du Sarno, et vers la porte Orientale, toute la partie qui s'étend du centre au nord et à l'est, est encore à déblayer. La circonférence de la ville était d'environ 3708 mètres (2 milles): sa plus grande largeur de 1390 mètres (3/4 de mille); sa largeur, du nord au midi, de 920 mètres environ (moins d'1/2 mille).

Entrons par la porte d'Herculanum et suivons la rue qui, faisant suite à la rue des Tombeaux, se dirige au sud-est. — A droite, est l'entrée d'une auberge où l'on a trouvé les ossements de plusieurs chevaux près des anneaux qui avaient servi à les attacher, et les débris de deux charrettes, aux roues minces et légères, disposées à-peu-près comme les nôtres. La cour avait deux fontaines; un marche-pied en pierre près de la porte, aidait à monter à cheval; à gauche, après une boutique de préparations pharmaceutiques, est une maison qui paraît avoir servi de rendez-vous aux buveurs de boissons chaudes; l'empreinte des coupes est restée sur une table de marbre et l'on a trouvé, dans les cendres, une sorte de théière, de forme pareille aux nôtres, pour les infusions; l'enseigne de la maison, sculptée, dans le pilier de pierre de la porte, avec une simplicité antique qui ne se voit plus, de nos jours, que sur les maisons de Bénarès, avait d'abord fait supposer à ce lieu, une autre destination.

A-peu-près vis-à-vis, est une maison où l'on trouva un grand nombre d'instruments de musique; plus loin, à droite, celle dite, je ne sais pourquoi, *des Vestales*; puis celle dite *de chirurgie*; une nouvelle boutique de boissons chaudes; enfin celle d'un marchand de savon. — Les maisons de droite sont bâties sur un terrain incliné, et étagées sur ce terrain, dont la mer, à ce qu'on suppose, n'était pas très-éloignée. Nous arrivons (à 150 mètres environ, de la porte d'Herculanum) à une fontaine, placée au point de rencontre d'une rue qui, à droite, coupe la première à angle aigu ; vers l'extrémité de cette rue, que nous laissons derrière nous, et qui ne se compose guère que de maisons presque entièrement méconnaissables, sont, au côté est, la *maison* dite d'Isis, celle dite *des Danseuses*, et celle dite *de Narcisse*.

Continuons de marcher au sud-est : à droite, à quelques pas de la fontaine, nous trouvons, auprès d'un four public, et dans un espace entouré de rues de trois côtés, l'une des plus célèbres maisons de la ville : la maison dite *de Salluste* ; nous y entrerons plus tard. — A 120 mètres environ de la fontaine, la rue que nous suivons se divise en deux autres : celle de droite n'est pas encore entièrement déblayée. Prenons celle de gauche : nous la trouvons bientôt barrée par une rue qui va du sud au nord, et dans laquelle est, à quelque distance, un temple de la *Fortune*.

A cette rue du Temple de la Fortune, débouche une rue parallèle à la rue de la Maison des danseuses, et qui fait un angle aigu avec celle que nous avons suivie jusqu'ici. Entre cette autre rue et celle du Temple de la Fortune est une maison de 100 mètres de long sur 50 de large, la plus vaste de Pompéi : la maison dite de *Pansa* (1).

(1) Au nord de la rue de la maison de Pensa (derrière cette maison) est un rectangle de bâtiments parallèle à celui dont la maison de Pensa fait partie. Dans ce rectangle sont comprises les maisons dites du *Teinturier*, de la *Fontaine*, du *Poète tragique*.

A l'exception de la rue qui fait suite à la rue des Tombeaux, infléchie ou brisée six fois et sans doute à dessein, avant d'arriver au Forum, la plupart des rues mises à nu sont parallèles et se coupent à angle droit.

Ces rues sont étroites, de quatre mètres au plus entre les trottoirs, qui souvent n'ont pas un mètre de large. Elles permettaient seulement le passage de deux voitures. L'espace entre les roues, comme on peut le voir aux sillons qu'elles ont tracés, était de treize décimètres. De distance en distance, des pierres, avec un intervalle pour le passage des roues, jetaient une sorte de pont d'un trottoir à l'autre dans les jours de pluie ; les ruisseaux étaient cachés sous les trottoirs. Les fontaines sont très-nombreuses ; il n'est pas de rue qui n'ait la sienne. Ces fontaines se composent tout simplement d'un bassin carré, formé de dalles en pierre réunies par des agrafes de fer ; au bord, s'élève un pilier orné de figures variées, d'un buste, d'une statue en bronze qui, par l'un de leurs accessoires, parfois très-gracieux, versent l'eau dans le bassin.

La simplicité des maisons, à l'extérieur, contraste singulièrement avec le luxe de l'intérieur. Les portes sont à peu près toutes ornées des même pilastres, au-dessous d'une corniche uniforme.

De cette rue du Temple de la Fortune, deux rues légèrement inclinées l'une vers l'autre, se rendent chacune à l'un des angles nord-ouest du Forum. Des *bains publics* occupent, à eux seuls, presque tout l'espace compris entre ces deux rues. Il s'y trouve, en outre, une boutique de marchand de lait et une école de gladiateurs.

Quatre cents mètres à peine séparent la porte d'Herculanum de l'extrémité nord du Forum, où s'élève un temple de Jupiter. Nous reviendrons tout-à-l'heure à ses portiques, à ses arcs-de-triomphe, à ses statues; bornons-nous, pour le moment, à l'énumération des édifices qui l'entourent.

En marchant vers le sud, nous trouvons successivement à droite : un *Panthéon*, une *salle* dite *des Décurions*, en ruines; un *temple* dit *de Mercure*; un édifice connu sous le nom de *monument d'Eumachia*. — A gauche, de même du nord au sud : une *prison*; des *greniers publics*; un *Temple* dit *de Vénus*, oblong, dont la plus grande longueur est du nord au sud; une *basilique* (ou tribunal) dont la plus grande longueur est de l'est à l'ouest. — Enfin à l'extrémité sud du Forum : deux *petits temples* (ou salles d'assemblée) et entre eux, le lieu dit le *Trésor public*.

La rue qui longe la Basilique, au sud-est, est bordée de boutiques ; derrière ces boutiques et à l'ouest du plus occidental des *petits temples*, est la maison qui, en souvenir du général français auquel les fouilles pompéiennes doivent leur plus vive impulsion, est appelée la *maison de Championnet*.

Je ne parle pas des maisons mises à nu à l'est du Forum, dans la masse d'édifices à laquelle appartient le Panthéon, le Décurionat, le temple de Mercure, le monument d'Eumachia, et derrière ces édifices, c'est-à-dire sur une rue à l'est et sur une au nord de ce massif de bâtiments. Elles sont toutes précédées de boutiques ou de salles de réunion.

La rue, qui de l'extrémité sud du Forum se dirige au nord-est, en longeant le monument d'Eumachia, appelée *rue des Orfèvres* et presque entièrement bordée de boutiques où furent trouvés une grande quantité de bijoux, nous conduit, moyennant un crochet du nord au sud, à un autre groupe d'édifices publics.

Ce groupe, qui couvre un espace carré oblong, offre, d'abord, sur une même ligne, de l'ouest à l'est, un *tribunal*, un *temple d'Isis*, un *temple* dit *d'Esculape* (contigu à un *atelier de statuaire*); puis un *théâtre tragique* et, à l'est de ce théâtre, un autre théâtre; plus petit, dit *le petit théâtre*; enfin une cour entourée de portiques, que l'on désigne sous le nom de *quartier des soldats*, au voisinage du mur méridional de la ville et à quelques pas à l'ouest de la porte par où nous fussions entrés, si nous eussions suivi la route de Salerne, au sud des décombres.

A l'ouest de ce groupe d'édifices, est une sorte de Forum triangulaire, appelé le *grand portique des théâtres* dans lequel se trouve un temple d'architecture grecque pure, nommé, de là, le *Temple grec*.

Ici s'arrêtent les fouilles occidentales, et force nous est de gravir les talus du tuf volcanique et de fouler aux pieds, à travers les vignes, des édifices encore inconnus, pour atteindre *l'amphithéâtre*, situé à l'extrémité orientale, dans un angle du mur d'enceinte. Il ne faut pas, au reste, vous exagérer les distances; 550 mètres au plus, séparent cet édifice du théâtre. Les habitants mêmes de la *Maison de campagne* n'avaient guère que 600 mètres à faire pour aller au Forum, et moins de 1800 mètres pour se rendre à l'amphithéâtre. Au nord de ce dernier bâtiment sous les fouilles de la *maison de Julia Felix*, en partie recomblée; près de là, une affiche de loyer offrait un bain et 900 boutiques. Vers le centre de la cité, au nord-est de l'unique construction moderne qu'elle renferme, se voient encore les *premières excavations*, environnées de vignes qui pendent en guirlandes aux verdoyants échalas que leur prêtent les peupliers et les oliviers. Ces excavations furent abandonnées parce qu'elles ne donnaient pas ce que l'on cherchait, des bijoux, des médailles, des vases grecs. D'autres fouilles, à la porte de Nola, y montrent une rue entière, et, au-dehors, quelques tombeaux, qui annoncent que le faubourg par où nous sommes entrés, n'avait pas seul le privilége de cette exposition honorifique.

Le travail des fouilles auquel une trop faible somme est allouée, ne se ressent guère, aujourd'hui, de l'énergique impulsion que lui donnèrent nos compatriotes, lors de l'occupation de Naples en 1799, et sous l'administration de Murat. « Toute la ville serait à découvert, écrivait un auteur anglais, si Murat était resté sur le trône de Naples. » On a calculé qu'au train dont vont les fouilles, il faudra encore plus de 400 ans avant qu'elle touchent à leur terme.

Les premières fouilles régulières datent de

1755, et il n'y a pas encore un quart de la ville de déblayé ; en 1799, les fouilles ne comprenaient encore après 44 ans, que les deux théâtres, trois temples (celui d'Isis, celui d'Esculape et le temple grec), une seule porte, celle d'Herculanum, la Maison de campagne et deux ou trois tombeaux. Le reste est presque entièrement dû aux Français. Ce sont eux qui ont déblayé la plus grande partie de la *rue des Tombeaux*, le Forum, la Basilique. Ce sont eux qui ont commencé le dégagement de l'amphithéâtre et celui du mur d'enceinte.

Revenons à présent sur nos pas et donnons quelques moments aux édifices dont nous sommes bornés à citer le nom. Commençons par le *Forum*.

Je supposerai que nous y arrivons, en venant de la rue des Tombeaux, à l'est du temple de Jupiter. Nous rencontrons d'abord, à l'extrémité nord-est de ce temple (1) un petit arc-de-triomphe, qui garde encore sur ses piliers de

(1) De l'autre côté du temple, à son angle sud-ouest, se voit une grande porte en arcade, jointe au soubassement du temple par un petit mur. L'espace compris, de ce côté entre le temple et les bâtiments qui le longent à l'ouest (les greniers publics, la prison) forme une sorte d'avant-cour à ces bâtiments ; à l'un, peut-être, un promenoir pour les prisonniers ; à l'autre, un lieu de décharge pour les grains.

briques, une partie du marbre dont il fut recouvert (1). Dès que nous avons dépassé le temple, dont le soubassement élevé est, au midi, chargé de colonnes, nous entrons dans une place rectangulaire d'environ 150 mètres de long sur une quarantaine de large, entourée, sur trois faces de colonnes doriennes, de trois mètres quatre-vingt-dix centimètres (12 pieds) de haut, de ruines de temples et au bout de laquelle se voit, vis-à-vis le temple de Jupiter, un petit arc-de-triomphe entre plusieurs longs piédestaux. Les masses rougeâtres de brique, les teintes jaunes du tuf, des fragments de stuc blanc sur les murs des édifices, le marbre blanc des piédestaux, sont tout ce qui reste en ce Forum, pour attester son ancienne splendeur. Les colonnes du promenoir couvert qui l'entourait, portaient à ce qu'on suppose, une terrasse.

A chaque pilier du petit *arc-de-triomphe* par lequel nous sommes entrés dans le Forum, était attachée une belle colonne corynthienne, en marbre blanc; une niche carrée se voit entre les piliers; l'une de ces niches est au-dessus d'une fontaine dont les tuyaux de plomb sont restés. Les fragments de bronze trouvés dans le

(1) Entre cet *arc de triomphe* et les *bains*, fut trouvé un squelette humain, auprès de 620 pièces de monnaie.

voisinage, ont fait penser que cet arc-de-triomphe portait une statue équestre. Les deux piédestaux dont est flanqué l'arc-de-triomphe de l'extrémité sud, paraissent avoir été destinés à des statues équestres décernées, comme celle du fils de Scaurus, par les Décurions. Un assez grand nombre d'autres piédestaux plus étroits se voient, sur le bord de la place, le long du portique à colonnes, ornées sans doute chacune d'une statue civique. Plusieurs de ces piédestaux, tous à frise dorique, paraissent avoir été surpris par la cendre, sous le ciseau de l'artiste : relevés de la veille, à la suite du dernier tremblement de terre. L'arc-de-triomphe méridional portait sans doute quelque image de la mère-cité, au milieu de celles de ses fils les plus remarqués. Des débris de portes de fer, aux diverses entrées, ont fait supposer que le Forum était fermé, la nuit.

Le *temple de Jupiter*, élevé sur un soubassement d'environ trois mètres, offre, du côté du Forum, un péristyle orné de six colonnes de front et de quatre colonnes de profondeur; ces colonnes sont d'ordre corynthien. Son enceinte intérieure, en forme de carré oblong, offre, de chaque côté, un rang de huit colonnes ioniques. Trois petites pièces voûtées, au fond, paraissent destinées aux objets sacrés, ou, selon quelques personnes, au trésor public (1). On montait à ce temple par deux perrons, séparés par une vaste plate-forme, à partir de laquelle les marches occupent toute la largeur du péristyle. Le péristyle, entouré d'une bordure en mosaïque, etait pavé de grandes dalles de marbre dont quelques-unes sont encore intactes. Le soubassement était revêtu de stuc.

Le mur élevé au-dessus du soubassement et qui, du dehors semble grandir l'édifice, laisse encore voir à l'intérieur, ses ornements en stuc peint.

On n'a pas de preuve que cet édifice ait été un temple de Jupiter; les seuls débris de statue trouvés dans l'enceinte étaient un torse, une tête, un pied chaussé de sandale, deux fois plus grand que nature. Un auteur anglais suppose que ce fut un lieu d'assemblée sénatoriale, à l'instar du sénat de Rome. Les trois

(1) Entre ces pièces voûtées et les colonnes du péristyle, l'espace libre est de seize mètres quatre-vingt-dix centimètres (cinquante-deux pieds) sur neuf mètres dix centimètres (vingt-huit pieds). La longueur totale est de trente-deux mètres. cinquante centimètres (cent pieds) ou de trente-neuf mètres (cent vingt pieds) avec les degrés du péristyle. La hauteur, à partir du sol, pouvait être de dix-neuf mètres cinquante centimètres (soixante pieds).

pièces du fond auraient alors servi au dépôt des archives, et la plate-forme, entre les deux perrons, de tribune pour parler aux citoyens réunis au Forum.

Visitons rapidement les édifices qui entourent le Forum. Commençons par le côté gauche, en allant du nord au sud.

Nous trouvons d'abord les ruines auxquelles les modernes ont donné le nom de *Panthéon*, à cause de douze piédestaux placés en cercle, autour d'un autel, dans une sorte d'enceinte sacrée, et destinés, pensa-t-on, aux statues des douze grands dieux. Aucune trace n'y reste de mur ni de colonne. On suppose que la salle des douze statues était couverte d'une petite rotonde de bois, comme on en voit en plusieurs peintures pompéiennes, notamment sur les murs du temple de Vénus. L'entrée du Panthéon est sur le Forum, entre six boutiques de changeurs, placées au-devant de cet édifice, et dans lesquelles quelques comptoirs ont encore leur base de maçonnerie. Près de cette entrée, où se voient plusieurs piédestaux, furent trouvées 93 pièces de bronze. Au centre du vestibule, un petit autel est encore debout; une niche vide est au-delà. A droite en entrant, se voient, le long du mur d'enceinte, les cellules des prêtres; le fond est divisé en trois compartiments : au milieu, est une petite chapelle dont les niches on offert des statues d'empereurs et d'impératrices; à droite, une petite salle entourée de trois côtés d'un banc (triclinium); à gauche, une petite chapelle, avec un autel.

Les peintures dont le stuc de cet édifice est recouvert, sont ce qu'il offre de plus curieux. Des sujets historiques y sont représentés au milieu de compartiments formés d'arabesques; l'on y voit, entre autres, Ulysse, déguisé, rencontrant Pénélope, à son retour. On y remarque aussi des Amours occupés à pétrir le pain, à moudre le blé. Le moulin à bras (semblable, du dehors, à nos moulins à café) est au centre de cette composition; un âne, à collier de fleurs, est de chaque côté. A l'entrée, du côté du Forum (formée de colonnes ioniques de marbre blanc) sont représentés les divers mets empruntés à la chasse. Dans l'une des chapelles sont peintes des oies, des poules, des corbeilles d'œufs, des apprêts culinaires en volaille, gibier, bœuf, mouton; des fruits dans des plats de verre; des tasses en forme de corne, des amphores de vin, des flacons; tous les accessoires des repas. Un architecte napolitain voit, en cet édifice un temple d'Auguste, et, dans la partie reculée, la salle de banquets des *Augustales*. Les peintures dont je viens de parler ne peuvent convenir, selon lui, qu'à la célébration de fêtes, telles que celles des Augustales. (1)

On trouva dans ce temple un anneau d'or, dans une boîte, avec une pierre gravée, 41 pièces d'argent et 1036 pièces de bronze. Peut-être était-il consacré au patron des marchands de comestibles, réunis la plupart dans la rue qui le longe, au nord. On a trouvé dans cette rue une quantité prodigieuse de raisins, de figues, de prunes, de marrons, conservés dans des vases de verre, du chenevis et des lentilles, des balances, des moules de pâtissier et de boulanger; de l'argent monnayé, et entre autres figures de bronze, une petite et délicate statuette de Renommée, portant au bras des bracelets d'or.

Après le Panthéon nous trouvons, au sud des ruines de l'édifice désigné, par les modernes, sous le nom de *Décurionat*, un petit *temple*, dit de *Mercure*. Ce temple de dix-neuf mètres (cinquante-sept pieds) de long sur seize mètres vingt-quatre centimètres (cinquante pieds) de

(1) Arrius, Munatius, Nistacidius, Quietus, prennent, sur leur tombeau, le titre d'Augustal.

large, offre, du côté du Forum, un portique à colonnes. On monte à l'enceinte sacrée par un perron latéral. Les murs, en briques, qui paraissent attendre encore leur revêtement de stuc, offrent, à l'intérieur, une suite de fausses portes couronnées de frontons alternativement angulaires et cintrés. Quatre colonnes, au-devant d'une sorte de sanctuaire, au fond, y simulent une seconde entrée. Au-devant de ce sanctuaire est un autel de un mètre quarante-six centimètres (quatre pieds six pouces) de haut, en marbre blanc, très-bien conservé, orné de bas-reliefs. Dans le principal bas-relief, un homme en longue robe relevée en partie sur la tête, accompagné de licteurs portant les faisceaux, a la main au-dessus d'un autel ou d'un trépied. De l'autre côté de ce trépied, un sacrificateur, armé du maillet, nu jusqu'à la ceinture, conduit la victime, derrière laquelle est une femme à moitié nue. Derrière l'homme en robe, se voit un enfant qui porte la patère et une bandelette. Un des spectateurs a la main familièrement appuyée sur la tête de cet enfant. Au fond, se voient les guirlandes qui parent le lieu sacré. — La face opposée offre une couronne de chêne entre deux branches de laurier et d'olivier. Les faces latérales représentent divers instruments de sacrifice, ornés de fleurs et de fruits, quelques-uns d'un usage qui nous est inconnu.

Du temple de Mercure, nous passons au *monument d'Eumachia*. Sa plus grande dimension est du sud au nord, sur la rue des Orfèvres. Une inscription sur l'architrave du côté de cette rue (inscription dont on a trouvé un double sur l'un des blocs de marbre du Forum) porte que Eumachia (1) prêtresse, fille de Lucius, en son nom et en celui de Fronton, son fils, a fait bâtir, à ses frais, ce chalcidique (tribunal) et ce cryptoportique (galerie murée) et l'a consacré à la concorde et à la piété augustes.

Cet édifice s'annonçait du côté du Forum, par un portique de dix-huit colonnes corynthiennes, en marbre blanc, élevées sur des piédestaux. Une portion d'une seule de ces colonnes est restée. Le soubassement indique leur position. La disparition de ces précieuses colonnes ne peut s'expliquer que par des fouilles faites, par les habitants mêmes, après le désastre. Les traces des portes se voient encore. De chaque côté, deux enfoncements circulaires, pourvus de plate-formes où l'on monte par quelques

(1) D'après l'étymologie, l'analogue de ce mot grec, en Français, serait : *Bienfaisance.*

marches, servaient sans doute à la promulgation des actes publics (1). L'intérieur offre une salle de 42 mètres 23 centimètres (130 pieds) sur 21 mètres 11 centimètres (65 pieds), entourée d'une double galerie. A l'extrémité de cette salle est une sorte de réduit en demi-cercle, peint en vert et en rouge. Là, dans une niche, sur un piédestal, se voit une statue de femme, haute de 1 mètre 73 centimètres (5 pieds 4 pouces), avec cette inscription : « A Eumachia, fille de Lucius, prêtresse, les Foulons » (2). Des fenêtres à linteaux de marbre éclairaient cet édifice. On conjecture que le fond servait de tribunal civil, et le reste, de bazar.

Le mur extérieur portait encore une annonce de l'amphithéâtre, et une affiche dans laquelle les orfèvres adressent une requête à l'édile

(1) Auprès de l'un de ces enfoncements, se voit une fausse porte de 1 mètre 94 centimètres (6 pieds) de large, de 3 mètres 41 centimètres (10 pieds 1/2) de haut, peinte en stuc jaune et imitant les divers compartiments et l'anneau de bronze de la porte réelle qui n'est plus.

(2) Ce n'est pas la première fois que nous voyons, à Pompéi, un nom de femme entouré d'une sorte de vénération et d'affection publiques. Au nom d'*Eumachia*, consacré par la reconnaissance des Foulons, nous pouvons déjà joindre ceux de *Nævoleia Tyche*, d'*Alleia Decimilla*, de *Mammia*.

Pensa. Cette *rue* dite *des Orfèvres*, est remarquable par l'élégance extérieure de ses maisons, aux pilastres parfaitement conservés. Les cuisines y sont au-dessous du niveau de la rue; il en est, au reste, à-peu-près partout de même, à l'exception de la partie sud-ouest de la ville. En plusieurs de ces maisons furent trouvés des squelettes portant encore des bagues, des bracelets, des colliers, et près d'eux un très-grand nombre de pièces de monnaie.

Dans le passage de l'une de ces maisons, se voit une sorte d'esquisse grossière de l'Olympe et de ses habitants. Plusieurs pans de mur, à compartiments ornés de frontons, paraissent avoir été affectés aux annonces. L'une d'elles porte : « Le scribe Issus prie M. C. Vatias de le favoriser ; il le mérite. » Dans une autre affiche, on voit le scribe lui-même, la plume sur l'oreille.

Passons au côté occidental du Forum. — A son extrémité sud, un large escalier à quatre degrés, et à portique (1), nous conduit à une vaste salle rectangulaire, entourée de murs où sont engagées des colonnes et renfermant un

(1) Ce portique est formé d'un double rang de colonnes d'ordre dorien, engagées dans un entrecolonnement.

rectangle de colonnes libres, d'ordre ionique (1). Au fond (à l'extrémité ouest) s'élève une plate-forme qui porte six colonnes de front, et à laquelle mènent deux petits escaliers latéraux. Au devant de cette plate-forme est un piédestal sur lequel furent trouvés les pieds d'une statue de bronze.

Cet édifice, ou, comme on l'appelle, cette basilique, isolée de tous les côtés, a 71 mètres 46 centimètres (220 pieds) de long sur 25 mètres 99 centimètres (80 pieds) de large. On suppose que sur la plate-forme siégeait le *duumvir* qui remplissait les fonctions de juge, et que le reste de l'enceinte servait à la fois pour certaines assemblées et pour la vente des marchandises, dans les mauvais temps. — Derrière cet édifice, deux petits escaliers conduisent à des chambres basses ou caveaux, qui ont, près du siége du juge, deux ouvertures circulaires en

(1) Ces colonnes, au nombre de vingt-huit, ont 1 mètre 16 centimètres (3 pieds 7 pouces) de diamètre; elles sont cannelées. Les petites briques triangulaires que le stuc y recouvre, sont disposées symétriquement de façon à ce que leurs angles répondent alternativement aux saillies et aux creux des cannelures. Cet édifice présente, à ses quatre extrémités, un exemple de colonnes accouplées, comme dans les piliers de nos églises. A l'intérieur, le mur revêtu de stuc est couvert de peintures imitant le marbre et dans lesquelles sont figurés des joints de pierre.

forme de soupiraux, garnies de barres de fer. — Deux portes latérales donnent sur les deux rues adjacentes.

Au-delà de l'une de ces rues, est un *temple* dit *de Vénus*, étendu du sud au nord. Les fragments d'une statue de femme lui ont fait donner ce nom. Le massif sur lequel ce temple est élevé, a 48 mètres 73 centimètres (150 pieds) de long sur 22 mètres 74 centimètres (70 pieds de large, et porte encore des traces du stuc qui le recouvrait. Un perron de 16 marches (du côté du sud) conduit à ce massif, qui porte plusieurs enceintes successives. L'extérieur est un mur uni; la seconde est un mur où 48 colonnes de pierre sont engagées (1). Une troisième enceinte entourait une sorte de temple intérieur, élevé au-dessus d'une plate-forme et précédé d'un perron, de chaque côté duquel est un piédestal. Cette enceinte se composait d'un mur où des colonnes étaient engagées; aucune d'elles ne subsiste. L'absence de ces colonnes, l'état des marches du perron disjointes, la position oblique d'un autel placé au pied et en avant de ce perron, ont fait penser que les Pompéiens n'avaient pas encore fait disparaître,

(1) Ces colonnes, primitivement d'ordre dorique, ont été transformées, par un enduit de stuc, en un ordre composite.

dans ce temple, les traces du dernier tremblement de terre. Dans ce temple intérieur, se trouve l'enceinte sacrée, très-petite, dont le pavé offre une belle bordure en mosaïque. C'est là que fut trouvée la statue de femme dont je vous ai parlé. Plusieurs statues de femmes ont été trouvées entre les colonnes de la première enceinte.

A l'extrémité nord était le logement des prêtres. Les murs du temple, couverts de stuc et de peintures, représentent des paysages, des maisons de campagne, des danses, des sacrifices, des scènes du bord du Nil, des crocodiles, des palmiers. Un de ces tableaux à demeure, montre Hector derrière le char d'Achille; un autre, la querelle d'Achille et d'Agamemnon; puis, tout auprès, une longue série de figures de nains. Dans l'une des chambres des prêtres, était la célèbre peinture de Bacchus, au repos, tandis que Silène joue de la lyre; cette peinture que l'on suppose venue là d'ailleurs, avait fait décerner à ce mystérieux édifice le titre de temple de Bacchus. — Une inscription sur deux côtés de l'autel, apprend que les quatuumvirs *Porcius*, *Sextilus*, *Cn. Cornelius* et *A. Cornelius* l'ont élevé à leurs frais.

Continuons notre route, au nord. Nous

arrivons, sous le portique du Forum, à des salles où se trouvent des *mesures publiques* pour le vin, l'huile, les grains. Ces mesures se composent de trous cylindriques, dans un bloc oblong de tuf. Il y en a cinq grandes pour les grains, et quatre plus petites pour les liquides. Toutes se vidaient par le bas ; les premières, au moyen d'un fond glissant; les autres, au moyen d'un tuyau ou d'un robinet, c'est en grande partie le voisinage de ces mesures, qui a fait regarder comme magasin public (ou *greniers publics*) le long édifice qui s'étend, à la suite du temple de Vénus, sur ce côté du Forum. Après cet édifice, viennent des ruines au milieu desquelles on a trouvé deux squelettes humains, dont les mains et les pieds étaient chargés de fers : triste souvenir d'un arrêt de réclusion changé en arrêt de mort. On ne peut guère, à cet indice, douter que ce bâtiment ait été une prison.

Pour achever notre revue des édifices qui entourent le Forum, il nous reste à parler de trois bâtiments, construits à-peu-près sur le même plan, à son extrémité sud. Faute d'inscription, on suppose que deux d'entre eux étaient des *lieux d'assemblée* pour certains magistrats; et celui du milieu, le *trésor*, parce qu'on y trouva, auprès de caisses de pierre vides, quelques pièces d'or, d'argent et de cuivre. Ces trois édifices, ou petits temples, sont élevés sur une plate-forme et ont, chacun, un perron à colonnes. Le rouge foncé de leur brique dénudée, contraste fortement avec la verdure pleine de vie des collines qui s'élèvent derrière eux, au sud-est.

Je ne puis espérer que cette description écrite supplée entièrement aux représentations figurées. Du moins vous peut-elle rendre sensible ce luxe d'architecture publique, qui fait ici, dans une petite ville de province, entasser tant de colonnes, de frontons, de moulures, de statues, de bas-reliefs, de peintures, autour de cette seule place.

Comme vous le savez, un autre groupe d'édifices nous attend à l'est. Ce groupe, qui comprend deux théâtres, une caserne, un tribunal, trois temples, a, comme le premier, son Forum à portiques. Ce Forum, de forme triangulaire, est désigné, dans les descriptions de Pompéi, sous le nom de *grand portique des théâtres*. Du haut de ces terrasses, qui n'ont d'autres limites au midi que les remparts, les

Pompéiens avaient la vue de la mer. Cette place, plus richement ornée que la première, paraît avoir été le Forum, non des affaires, mais du plaisir.

Le Forum des théâtres s'annonce, au point de rencontre des deux rues qui viennent de l'autre Forum, par une sorte de vestibule ou d'avant-porte formée de huit colonnes ioniennes, de front (1), élevées sur deux marches. Une fontaine est devant l'une de ces colonnes (2). Dans ce vestibule furent trouvés quelques

(1) Une seule est restée entière.

(2) Près de ce portique, à l'extrémité de la rue qui borne, au nord, ce second groupe d'édifices, à deux mètres au-dessus du sol de la rue, fut trouvé, en 1812, un squelette humain, dont la main tenait encore une bourse de toile. Cette bourse contenait 360 pièces d'argent, 42 de bronze et 6 d'or, du plus petit module, qu'on eût dit frappées de la veille. Auprès, furent trouvés divers objets appartenant au culte d'Isis, de petits tridents d'argent, des coupes d'or et d'argent, un camée représentant un satyre qui frappe un tambourin; des bagues avec leurs pierres, des vases de cuivre et de bronze. « Le jour où l'on découvrit ce corps, écrit M. *de Clarac*. on en trouva plusieurs autres sous un grand portique de la *rue des Tombeaux*. Une mère fuyait, entraînant après elle ses deux jeunes filles et un enfant qu'elle serrait contre son sein; cherchant encore à respirer au milieu des tourbillons de cendre brûlante et se pressant contre le mur du portique, ils tombent épuisés de fatigue et de douleur. La cendre les recouvre et les ensevelit dans

objets d'or et d'argent et une bague portant une émeraude. A la suite de ce vestibule, s'étendent, à droite et à gauche, deux longs portiques à colonnes doriennes cannelées, revêtues d'un stuc rouge ; l'un de 130 mètres de long, l'autre de 97 mètres 50 centimètres. Vers l'extrémité méridionale s'étend, du sud-est au nord-ouest, le rectangle du *temple grec*, l'un des rares monuments italiens du style grec pur, œuvre des premières colonies grecques, fondatrices de cette cité. Sa situation et sa forme ont fait supposer que ce temple était en quelque sorte l'édifice primordial de Pompéi, son acropole. Il n'en reste que quelques débris épars, au-dessus des quatre marches qui l'entourent de tous côtés. Sa longueur, sans compter ses marches, est de 39 mètres (120 pieds) ; sa largeur de 22 mètres

le même tombeau. Leurs ossements étaient tout près les uns des autres, et comme confondus. On croyait voir cette famille infortunée se tenir embrassée jusqu'au dernier soupir. Trois anneaux d'or et des boucles d'oreilles ornées de perles, annonçaient l'aisance de celles qui les avaient portés. Un des anneaux est en forme de serpent à plusieurs contours ; la tête se dirige dans la longueur du doigt. Une autre bague qui, par sa petitesse, ne pouvait convenir qu'à la main d'une jeune fille, porte un petit grenat sur lequel est gravé un foudre. Les boucles d'oreilles ressemblent à de petites balances, où des perles suspendues à un gros fil d'or, figurent les bassins....

74 centimètres (70 pieds). Un portique, supporté par des colonnes d'ordre dorique, s'élevait tout autour sur la plate-forme. Au-delà se trouvait une enceinte partagée en trois compartiments. Celui du milieu (le plus étendu) a conservé son autel circulaire. Tout porte à croire que cet édifice était en ruines, lors de la dernière catastrophe.

Les premières assises d'une petite enceinte quadrangulaire se voient au-devant du perron. Auprès de cette petite enceinte sont les restes d'un petit édifice isolé, circulaire, formé de huit colonnes doriques en tuf volcanique, avec une inscription dans l'ancienne langue étrusque.

A l'angle ouest du temple grec est un banc en demi-cercle, semblable à ceux de la rue des Tombeaux, tourné vers la mer. Parallèlement au côté oriental du Forum triangulaire, s'étend un long mur d'appui ou plutôt un banc figuré sur la carte, par une ligne droite, lequel se termine, d'une part, aux autels extérieurs du *temple grec*, de l'autre, à un piédestal où se lit cette inscription : « A Marcus Claudius, fils de Marcus, à Marcellus, patron. »

Retournons à l'entrée septentrionale du Forum triangulaire. Nous trouvons successivement.

au nord du groupe des théâtres, le *tribunal*, le *temple d'Isis*, le *temple d'Esculape*.

Le premier de ces édifices offre, dans une enceinte murée de vingt-cinq mètres soixante-six centimètres (soixante-dix neuf pieds) de long sur vingt-cinq mètres un centimètre (soixante-dix-sept pieds) de large, une cour ou une salle, entourée, sur trois côtés, de portiques à colonnes doriques et de plusieurs pièces placées à l'un de ces côtés. L'une des portes donne sur la rue, au nord; l'autre, sous le grand portique du Forum triangulaire. A l'un des côtés de la salle se voient deux piédestaux inégaux, avec un petit escalier de six marches de vingt-sept centimètres (dix pouces), adossé au piédestal le plus élevé. Sur ce piédestal se voit une entaille carrée de seize centimètres (six pouces) de profondeur sur soixante centimètres (vingt-deux pouces) de large. On y peut reconnaître une chaire ou une tribune, selon que l'on fait de cet édifice une école ou un tribunal; ou bien, si l'on y voit un marché, le siége d'une sorte d'huissier. Une grande quantité de clous sont encore plantés dans les colonnes du portique, et l'une de ces colonnes est percée pour alimenter, à l'intérieur, une fontaine. Les colonnes sont bien conservées.

Le temple d'Isis, l'un des premiers découverts, est aussi l'un des mieux conservés. Toutes les colonnes sont entières. Une inscription, au-dessus de la porte principale, apprend que N. P. Celsinus l'a fait rétablir, à ses frais, après le tremblement de terre, et que les décurions, à cause de sa libéralité, l'ont agrégé gratuitement à leur ordre, lorsqu'il était dans sa soixantième année. Cet honneur paraît avoir été une sorte d'anoblissement héréditaire.

Le sanctuaire, élevé sur un soubassement, était précédé d'un porche à quatre colonnes corinthiennes, auquel conduit un perron de sept marches. Une sorte de piédestal, isolé du mur, au fond du sanctuaire, en occupe toute la largeur, percé de deux passages; derrière, est un piédestal plus élevé.

L'enceinte sacrée renferme un puits, et, près de l'autel, une auge en pierre. Deux autels latéraux portaient les deux tables de basalte couvertes d'hiéroglyphes, connues sous le nom de *tables isiaques*. Aux deux colonnes les plus voisines de la porte étaient deux bassins en marbre, deux bénitiers, et une sorte de tronc en bois et carbonisé.

Ce petit édifice est un des exemples les plus

complets des diverses parties d'un temple antique. Les fouilles y ont fait découvrir tous les instruments de sacrifices, la plupart en bronze, et plusieurs statues, une entre autres, d'Isis, haute d'un mètre environ, et dont la draperie est peinte en pourpre et dorée. Un squelette humain fut trouvé près d'une barre de fer, dans l'une des chambres latérales. Dans une autre de ces chambres, la cendre a livré totalement intactes des coquilles d'œufs et des arêtes de poissons, débris du repas des prêtres ; et, près de ces débris, le squelette de l'un de ces malheureux. L'enceinte sacrée a, de même, livré les ossements de plusieurs victimes, réfugiées là sans doute sous la protection divine.

Un étroit passage qui sépare le temple d'Isis du grand théâtre, conduit de ce temple à un autre petit édifice religieux, appelé le *temple d'Esculape.*

Une enceinte, longue et étroite, est précédée d'un porche composé de deux colonnes. Au bout de cette espèce de parvis, le temple est élevé sur un massif où l'on monte par un perron de neuf marches, dans toute la largeur du terrain, et précédé d'un portique de quatre colonnes de face et de deux colonnes en retour. Au-devant du perron, dans le parvis, est un long piédestal sur lequel on trouva posées des statues d'Esculape et d'Hygie, sorte de lit sacré (lectisterne), pour l'exposition des images des dieux.

Au sud de ce temple est une maison qui fut habitée par un statuaire, comme l'annoncent des marbres qui n'attendent que le ciseau, d'autres qui sont dégrossis, des statues auxquelles il manque à peine la dernière main; mais l'artiste a fui, arrêté peut-être, dans sa fuite, par une mort cruelle. Près de ces marbres, destinés sans doute à effacer les traces d'une catastrophe récente, ont été découverts une trentaine de marteaux, plusieurs compas à branches courbes ou droites, une grande quantité de ciseaux, trois ou quatre leviers, des crics, des scies, des règles de métal, des fils-à-plomb.

Au sud de cette maison est le petit théâtre; le grand est au sud du tribunal.

On suppose que le grand théâtre était consacré aux représentations tragiques, et découvert. L'architecte qui l'a construit a profité de l'un des enfoncements du terrain inégal sur lequel était bâtie la ville. Les gradins, divisés par étages que séparent des paliers, permettent d'évaluer à 5000 le nombre des spectateurs.

Derrière s'élève un mur (1) où l'on remarque encore des anneaux de pierre dans lesquels s'implantaient, sans doute, les mâts qui soutenaient une sorte de tente, pendant les représentations faites de jour.

Au bas des gradins, à droite et à gauche, sont deux grandes portes en arcade, par où arrivaient les magistrats qui avaient le privilége de s'asseoir sur des chaises honorifiques, dans l'espace libre qui se voit au bas des gradins, dans l'orchestre. Devant cet espace, se dresse un petit mur d'appui (pulpitum), soutien de la scène en avant. La scène a disparu comme tous les autres objets en bois. Sept niches, pratiquées dans ce petit mur, étaient destinées aux musiciens qui accompagnaient le chœur placé dans l'orchestre. Trois portes inégales se voient à l'arrière-scène.

Les gradins sont en partie dépouillés de leur marbre. Une inscription en lettres de bronze scellées dans le marbre (dont on a, lors des fouilles, enlevé et mêlé les lettres) a laissé voir, à leur trace, qu'elle était écrite en l'honneur de « Rufus, patron de la colonie ».

(1) C'est le mur qui, recouvert au plus de terre, n'a jamais cessé de faire saillie au-dessus du sol, et aurait dû, ce semble, conduire quelques curieux à la recherche de ses dépendances.

A l'est de la scène du grand théâtre, un portique conduisait à l'orchestre du petit (1). Ce petit théâtre était, à ce qu'on suppose, consacré à la comédie et au chant. La partie affectée aux spectateurs est renfermée dans un espace carré, de sorte que, dans les rangs les plus élevés des gradins, l'arc de cercle est comme tronqué par les deux bouts.

Une inscription, sur l'un des murs de ce théâtre, nous fait savoir l'une des particularités par où il différait du premier. Cette inscription nomme les deux duumvirs (*Quintius et Porcius*) qui ont fait élever « ce théâtre couvert ».

Les degrés entre les gradins sont en lave. Le mur de face (pulpitum), qui soutient la scène et le pavé de l'orchestre, portent encore le marbre qui les décorait. Sur ce pavé se lit, sur une seule ligne, l'inscription suivante : « Marcus Occulatius Verus, fils de Marcus, duumvir, pour les jeux ». Cette inscription et celle du mur du grand théâtre nous apprendraient, si nous pouvions l'ignorer, que les fêtes publiques ou les récréations communes n'étaient, pas plus que les fonctions religieuses, étrangères à la ma-

(1) Au bout de ce portique est une communication avec le *quartier des soldats*.

gistrature civile. On compte dix-sept rangées de gradins divisées par quatre escaliers. Quatre autres rangées séparées des premières par un appui en marbre qui porte à chaque extrémité un griffon ailé, étaient réservées aux magistrats et aux bisellaires.

Derrière l'arrière-scène du *grand théâtre*, c'est-à-dire au sud de cet édifice, il en est un autre dont l'extrémité nord parut d'abord un portique dépendant du théâtre; ses débris présentent une grande cour rectangulaire, entourée d'un portique à colonnes, derrière lequel sont une foule de petites chambres. Il a 59 mètres 45 centimètres (183 pieds) de long sur 51 mètres 32 centimètres (158 pieds) de large. Chacun des grands côtés compte 32 colonnes d'ordre dorique, cannelées et peintes en rouge; chacun des petits côtés en compte 17. On suppose, aux traces de charpente restées dans le mur d'enceinte, qu'il y avait un autre étage de petits logements en bois. Les fouilles ont fait découvrir dans ce bâtiment un harnais de cheval, diverses pièces d'armure, des bottines de bronze, des visières percées de trous, un casque incrusté en argent et représentant la prise de Troie, d'un poids excessif et pourtant doublé encore d'une étoffe qui montrait qu'il avait été porté.

Dans une autre pièce, on a trouvé une trompette d'airain, munie de six flûtes sans trous latéraux, et d'une chaîne de bronze. L'une des chambres renfermait des ustensiles de savonnier; une autre, un moulin à huile. En l'une d'elles, gisaient trois squelettes humains, les jambes prises en de doubles barres de fer. Ces diverses circonstances ont fait tour-à-tour considérer cet édifice comme une caserne ou un marché. Du côté occidental furent trouvés 37 squelettes de soldats, peut-être morts à côté de leur chef, dont l'arrivée semble annoncée par des ossements de cheval retrouvés près de la porte.

C'est par cet édifice appelé le *quartier des soldats*, que les voyageurs, entrant au midi de la ville, commencent leur visite.

De la partie méridionale de Pompéi, passons à son extrémité orientale; des théâtres à l'amphithâtre : c'est passer des fêtes de la Grèce civilisée à celles de la sauvage Etrurie. L'origine des tragédies du Cirque, tragédies sans auteur, imposées par un ordre impassible aux instincts extrêmes de la nature, — est indiquée en peu de mots par *M. Magnin*, dans l'Introduction de son grand travail sur le théâtre moderne (1). Après avoir parlé des luttes poétiques introduites par les Grecs dans leurs cérémonies funéraires, M. *Magnin* ajoute : « Un autre usage caractérisait les funérailles, dans la première période de l'histoire grecque : toutes étaient accompagnées de meurtres... Dans certaines contrées, notamment dans les colonies de la grande Grèce, on pensa qu'au lieu d'égorger les captifs, il y aurait moins d'inhumanité à les forcer de combattre entre eux mortellement. De là les Gladiateurs, qui de l'Etrurie passèrent à Rome.... Peu-à-peu l'usage de ces combats passa des funérailles publiques dans presque toutes les autres féeries... » (2). Nous allons les voir tout-à-l'heure annoncés à propos

(1) *Les origines du théâtre moderne ou Histoire du génie dramatique, du premier au seizième siècle.*

(2) Unis en quelque sorte à la religion romaine, ces combats ne cessèrent qu'à la chute de cette religion, de faire partie des rits funéraires. Les empereurs qui, comme Marc Aurèle, eurent le plus d'aversion pour ces jeux, ne crurent cependant pas pouvoir priver de cet honneur les funérailles de leurs proches. L'une des lettres de Pline le Jeune (la 34e du livre VI) adressée à son ami Maxime, commence ainsi : « Tu as bien fait de promettre une offrande gladiatoriale (*munus*, largesse, don religieux) à nos chers Véronais qui, depuis longtemps, t'aiment, t'admirent, t'honorent. Tu as montré aussi combien était chère à ton cœur une femme si digne d'être aimée. A sa mémoire était dû un monument ou

de l'ouverture d'un établissement de bains. « Une nouvelle création de l'architecture couvrit, de toutes parts le sol romain, comme pour demeurer, dans l'avenir, le signe matériel de la barbarie renaissante des derniers siècles païens. Les amphithéâtres se montrèrent de tous côtés, et prirent partout la place des théâtres. Alors le rugissement des lions et des panthères domina la sublime harmonie de la voix humaine. »

Dans l'amphithéâtre de Pompéi, comme dans toutes les autres semblables écoles de férocité ou de courage, où les maîtres apprenaient des esclaves à tuer et à mourir, — la scène est, de toutes parts, entourée de spectateurs; les 24 rangs de bancs ovalaires qui se voient ici, en pouvaient admettre dix à douze mille. La plus grande longueur de l'édifice, au dehors, est de 143 mètres; sa plus grande largeur de 111. Un parapet (podium) entoure

un spectacle et celui-là surtout qui sied le plus à des funérailles. Tu étais en outre pressé si unanimement qu'il y aurait eu non de la fermeté, mais de la dureté à refuser. »

Ces passe-temps abominables, reçus à Antioche, à Amastris, à Corynthe, ne purent jamais s'établir à Athènes. « Avant de décréter l'admission des gladiateurs, avait dit une voix éloquente, il vous faut, Athéniens, renverser l'autel de la Miséricorde. »

l'arène, percé de plusieurs portes qui conduisent à des cellules souterraines (1). Ce podium au-dessus duquel commencent les étages de gradins, avec la même distinction qu'au théâtre, avait conservé plusieurs inscriptions; entre autres peintures, on y voyait des combats de tigresse et d'ours, de cerf et de lionne, d'ours et de taureau.

Il est un passage de Tacite qui se place ici de lui-même : « En ce temps (sous le règne de Néron), une légère querelle produisit un affreux massacre, entre les colons de Nucère et ceux de Pompéi, dans un spectacle de Gladiateurs donné par Regulus..... Des railleries l'on était passé aux injures, puis aux pierres, enfin aux épées. Les Pompéiens, chez eux, étaient les plus forts : un grand nombre de Nucériens furent rapportés dans leur ville, le corps couvert de blessures. La plupart des femmes et des enfants pleuraient des morts. L'affaire fut portée du prince au sénat, du sénat au consul et revint au sénat; les Pompéiens furent privés, pour dix ans, d'assemblées de cette espèce. »

L'une des grossières esquisses tracées sur les

(1) Plusieurs de ces cellules, déblayées en 1813, ont été recomblées.

murs des maisons de Pompéi, fait allusion à cet évènement : on y voit une estrade, devant laquelle est une façon d'échelle ; au bas de l'estrade, un homme en robe, les bras liés ; sur l'estrade, une apparence d'homme en robe, qui tire une corde attachée au cou du premier. De l'autre côté, un Gladiateur descend un escalier, une palme à la main. Les spectateurs se sont faits gladiateurs ; le gladiateur est devenu spectateur et juge du combat. Mais le magistrat, sur l'estrade, tient captif le Pompéien victorieux, et le condamne. Aussi lit-on au bas de cette petite satire : « Campaniens, vous avez, comme les Nucériens, perdu la bataille. » Singulière concordance, après tant de siècles, entre le récit de l'historien le plus grave et les fugitives annales de carrefour !

Il nous reste à voir un édifice d'un autre genre entre la porte d'Herculanum et le Forum : celui des bains publics. C'est en 1824 seulement que les fouilles l'ont fait découvrir. Une inscription, à l'entrée, apprend qu'à l'occasion de la *consécration* de ces bains, il y aura, aux frais de Nigidius Maïus, une chasse de bêtes sauvages, des combats d'athlètes : que des parfums seront versés dans le Cirque ; que le cirque sera recouvert d'une tente. Maïus prend le titre de prince de la colonie.

Ces bains occupent un espace de 133 mètres carrés, et sont divisés en trois compartiments distincts. Le premier est affecté aux fourneaux et aux logements des employés. Les deux autres présentent deux séries de bains affectées, des deux parts, aux mêmes usages, fournies d'eau et de chaleur à la même source, mais sans communication entre elles. L'une, destinée sans doute aux femmes, ne communique qu'avec la rue ; l'autre a un passage vers les fourneaux.

Le réservoir d'eau est séparé des bains, par une rue ; les tuyaux passent sous une arche jetée en travers de la rue, et dont il ne reste plus aujourd'hui que les piliers. On entre d'abord dans une cour, autrefois couverte de charpente. De cette cour, un escalier très-petit conduit aux fourneaux. La chambre où se trouve l'ouverture des fourneaux contient encore la poix dont les chauffeurs se servaient pour allumer le feu. Deux tuyaux conduisaient de l'air chaud sous le pavé et dans l'épaisseur des murs des salles de bains de vapeur. Comme celle des bains, l'eau des fourneaux était de trois sortes : la chaudière d'eau bouillante était alimentée aux dépens de la chaudière d'eau tiède, et celle-ci aux dépens du réservoir d'eau froide. Chaudières et réservoir sont également très-élevés au-dessus des bains.

Visitons les bains des hommes : l'entrée est sur la rue du Forum, et nous conduit à une cour sur trois côtés de laquelle s'étend un promenoir couvert, entouré de bancs. Une épée y fut trouvée avec un fourreau de cuir. On arrive aussi à cette cour par la rue du Temple de la Fortune. Un corridor dont le plafond imite un ciel étoilé, conduit à la salle où se quittaient les vêtements (*l'apodyterium*). Dans ce seul corridor furent trouvées plus de cinquante lampes, et le reste de l'édifice en a donné plus de mille, la plupart en terre avec une figure des Grâces ou du Dieu du silence. L'apodyterium contient trois siéges de marbre, chacun avec un marche-pied. Le mur porte encore la trace des chevilles de bois qui recevaient les vêtements. Des bas-reliefs égyptiens ou grecs y ressortent sur un fond rouge ; une fenêtre qui paraît avoir été vitrée, est à la voûte. Le pavé comme celui des corridors, est en marbre blanc, orné de mosaïques.

Cette salle a six portes. L'une d'elles conduit à la salle du bain froid (*frigidarium*), salle ronde, ornée de peintures et éclairée par le haut; des moulures en stuc y montrent des courses de chars et de chevaux, conduits par des enfants. Quatre niches, dans la muraille, ont des siéges pour les baigneurs. Le bassin, entièrement recouvert de marbre blanc, a 4 mètres de diamètre, 89 centimètres de profondeur. Deux marches y descendent. On y voit une sorte de banc de marbre, qui permet de s'y étendre; l'eau y jaillissait du mur, à trois pieds de distance; au fond, est un robinet pour le vider. La conservation de cette salle est parfaite.

Revenant dans l'apodyterium, nous entrons dans la salle de bain tiède (*tepidarium*) qui lui est adossée : sorte de préparation à celle qui vient après, parallèle aux deux premières, mais plus longue et destinée aux bains chauds ou de vapeur (*caldarium*). Le mur du tepidarium est divisé en un certain nombre de niches par des espèces d'Atlas qui portent la corniche sur leurs têtes et leurs coudes. Ces statues, en terre recouverte de stuc, sont peintes couleur de chair, les cheveux et la barbe noirs. Le plafond, orné de peintures, a conservé le châssis en bronze d'une fenètre vitrée (1). Cette

(1) On a retrouvé dans cette salle et dans les précédentes, des débris de vitrage. Le plafond de ce tepidarium, montre entre divers ornements de stuc, des chevaux et des dauphins montés par des enfants avec une hardiesse admirable, et courant à la surface de l'eau.

salle contenait un brasier de 2 mètres 33 centimètres de long sur 82 centimètres de large (en bronze revêtu de fer), à pieds de sphinx et portant une figure de vache ; et trois bancs de bronze, à pied de vache : sorte de blason de la famille Vaccula, ou Vachette, dont ces bancs portent le nom.

Le caldarium avait, à l'une de ses extrémités, un bassin en marbre blanc de 1 mètre 66 centimètres de diamètre, élevé d'un mètre, où l'eau jaillissait du centre (1), et un second bassin, à l'autre bout. Le plafond, en dôme sphérique, offre, à son sommet, une ouverture circulaire de 33 centimètres de diamètre, qui était pourvue, à ce que l'on suppose, d'une soupape de bronze, et trois fenêtres. Les murs creux, et le dessous du pavé, communiquaient, avons-nous dit, avec les fourneaux. Comme les précédentes, cette salle est couverte de stuc coloré en jaune ; des pilastres, cannelés et peints en rouge, en soutiennent la corniche.

La partie réservée aux femmes ne diffère que par ses moindres proportions. L'apodyterium

(1) Une inscription de bronze y nomme les décemvirs (*Aper* et *Refus*) qui l'avaient fait faire, par ordre des décurions.

ne pouvait guère admettre que dix personnes. Le frigidarium est en ruines. Les peintures du caldarium, la plupart d'un caractère gai, sont à peine visibles.

Près des bains, est un petit temple dédié, à ce que porte une inscription, par Marcus Tullius, à la *Fortune*. Deux perrons y montent, l'un de trois degrés, l'autre de sept, interrompus par une plate-forme, et non placés à la suite l'un de l'autre. Sur la plate-forme est un autel. Le péristyle avait quatre colonnes corynthiennes de face, et deux de côté. L'enceinte est encore ornée de pilastres corynthiens. Au bout est une sorte de petit temple d'ordre corynthien, sur lequel la statue de la déesse était placée. Tout l'édifice paraît avoir été recouvert de marbre.

A l'intérieur fut trouvée une statue d'homme de grandeur naturelle, vêtu d'une toge peinte en pourpre foncé, que l'on supposa d'abord être celle du plus célèbre des Tullius, de Cicéron. On découvrit aussi une statue de femme, vêtue d'une longue tunique, et, par-dessus, d'une robe au bord inférieur doré, ornée d'une bande de pourpre. La main droite est élevée vers le menton, le bras sur la poitrine; la main gauche soutient la robe.

La rue dans laquelle est ce temple a donné, lors des fouilles, un nombre immense d'objets; des bouteilles de verre commun, des lampes et des guéridons de bronze; des vases, des bassins à manche, des patères, des clochettes, des gonds de porte, des boucles, des serrures, un encrier, des strygiles (râcloirs de bain), des boucles d'oreille d'or; une fourchette d'argent, un chaudron ovale, des saucières; diverses parties d'un rouet, un des semblables à ceux des tailleurs, des poids de plomb, des lampes de terre à têtes d'hommes ou d'animaux; des lampes à double mèche; des boites à coulisse, pleines de monnaie; des assiettes à émail, empilées dans de la paille; de grands vases de terre, des plats de terre, un mortier et un pilon, des balances à bassins, des romaines. Sur le bras d'une de ces romaines, à divisions décimales, on lit qu'en l'an 8 du consulat de Vespasien, en l'an 6 de celui de Titus (c'est-à-dire deux ans avant l'éruption), elle a été vérifiée au Capitole. Quelques-unes de ces balances à bassin sont disposées pour servir aussi de romaines. On cité encore une statue de Faune riant; des figures de bronze de Mercure; une statuette de femme. Trois squelettes humains furent trouvés dans cette rue; l'un d'eux, à côté d'une fenêtre, près d'une soixantaine de médailles, d'un petit plat et d'une saucière en argent.

La description des édifices publics de Pompéi nous a entraînés un peu loin; il nous reste à peine quelques moments pour parler de la partie de la ville qui a, pour les modernes, le plus de nouveauté : je veux dire des habitations particulières; mais l'uniformité de plan qu'elles présentent nous permettra, en quelque sorte, de les voir toutes en un seul exemple.

Prenons celui que nous offre la maison de Salluste (1). Cette maison, située rue du Forum, n'est adossée à d'autres constructions (aujourd'hui détruites) que du côté de l'ouest. L'entrée est rue du Forum, au milieu de la façade.

Un passage étroit (le *protyrum*) nous conduit à une cour rectangulaire (l'*atrium*) au milieu de laquelle est un bassin également rectangulaire (le *cavœdium*). Au nord, un petit autel est adossé à ce bassin (2). Tel est le *plan* de cette salle, à raz de terre, si je puis dire; reste à lui

(1) Ainsi nommée parce que ce nom se lit sur un des jambages de la porte d'entrée.

(2) A l'autel ou foyer de l'atrium remonte sans doute le mot *âtre*, dans son acception moderne.

donner pour plafond un toit avancé au niveau des bords du cavædium et laissant, au-dessus de ce bassin, une ouverture rectangulaire (*l'impluvium*). Le nom d'*area* désigne le pavé de cette salle ou de cette cour, comme vous voudrez l'appeler.

A droite et à gauche du protyrum, près de l'angle que forme ce passage, en débouchant dans l'atrium, une porte couduit à une petite pièce adossée à ce passage. Les deux côtés de l'atrium offrent chacun trois portes conduisant à diverses petites pièces. Au-delà de ces trois portes, est, à droite et à gauche, un enfoncement ouvert (*ala*), de la grandeur d'une de ces pièces latérales.

Au fond de l'atrium, une salle également ouverte (le *tablinum*), ou, si vous voulez, un passage plus large que le protyrum et moins large que l'atrium, s'interpose entre l'atrium et un *portique* à colonnes. Ce portique s'étend de l'est à l'ouest, avec un retour en équerre, à l'ouest, du sud au nord. Au-delà de ce portique, parallèlement à lui (c'est-à-dire également en équerre) est un parterre en terrasse (le xystus). L'angle de l'équerre, en ce *xyste*, est occupé par une salle à manger ou *triclinium* d'été.

Un autre triclinium, est adossé au tablinum,

à l'ouest; comme lui, ouvert sur le portique, avec vue sur le xyste. A l'est d'une partie de ce triclinium, est une petite salle (salle d'étude peut-être), ouverte sur le portique, avec vue sur le xyste. Auprès de cette salle, s'abouche un escalier qui conduisait à un étage supérieur ou bien à une terrasse. Au nord de cet escalier, est une longue pièce étroite, qui ne peut avoir reçu de jour que par le haut, et où l'on arrive par la troisième des petites chambres latérales, à gauche de l'atrium.

Des deux pièces adossées au protyrum, celle de gauche est une boutique qui s'ouvre sur l'atrium comme sur la rue. Celle de droite est une sorte de vestibule conduisant à la première chambre latérale de l'atrium (à droite). Cette chambre latérale était, à ce qu'on suppose, une salle d'audience pour les survenants qui n'avaient pas l'entrée de l'atrium.

A droite du tablinum, un couloir rejoint le portique : adossé, à droite, à une cuisine dont dont la porte est à l'extrémité-est du portique. De ce même côté, un couloir offre l'entrée d'une chambre ouverte sur la rue qui est au nord, et conduit à une salle assez vaste (la salle de réunion, l'atrium des serviteurs, sans doute) qui occupe l'angle oriental de la maison.

Entre cette partie affectée au service et les deux boutiques qui, sur la rue du Forum, sont à l'est de ce que nous avons nommé le vestibule, s'étend le long de la rue occidentale comme une seconde habitation (1), sans communication avec cette rue, et sans autre entrée que l'une des portes latérales de l'atriun (la troisième à gauche).

Cette porte nous conduit, par un petit couloir, le long duquel est un enfoncement pour le logement de quelque gardien, à un portique à colonnes, qui se déploie sur trois côtés d'une cour rectangulaire, étendue de l'est à l'ouest et comme tronquée par la rue occidentale : sorte d'atrium reculé, avec un petit bassin (cavædium) vers le milieu.

Ce portique conduit, au fond, de chaque côté de cette cour, à une chambre adossée au mur de la rue occidentale ; au sud, une salle à manger s'ouvre sur ce portique. Cette seconde habitation a sa cuisine particulière au nord de ce portique. Auprès, est un escalier qui mon-

(1) Cette seconde division paraît avoir été une sorte de gynécée ou d'habitation de femmes ; elle ne se retrouve pas dans la plupart des autres maisons pompéiennes. La séquestration des femmes n'était pas dans les usages romains. Ne peut-on pas supposer que la maison, dite de Salluste, était habitée par une famille grecque ?

tait à un étage supérieur ou à une terrasse. L'escalier recouvre un cabinet d'aisance.

Il nous reste à dire un mot des boutiques. La première (à l'ouest) est celle d'un boulanger, dont l'établissement comptait (au rez-de-chaussée, du moins) trois salles · la boutique (au fond de laquelle est un cabinet d'aisance, sans doute caché par un rideau) ; à gauche, une longue salle, limite de la maison à l'angle sud-ouest, et au bout de laquelle est un four absolument pareil aux nôtres (on y voit aussi trois grands moulins à bras, en pierre, semblables, par ces dehors, à nos moulins à café) ; enfin une pièce plus reculée encore.

A côté de la boulangerie est la boutique qui communique avec l'atrium et où le maître de la maison faisait vendre le produit de ses terres. Elle offre une sorte de comptoir en maçonnerie dans lequel sont scellés des vases de terre.

Les deux autres boutiques (de l'autre côté du protyrum et du vestibule) ont un puits commun dans l'épaisseur du mur qui les sépare. La dernière (limite de la maison à l'angle sud-est), pourvue d'un comptoir en maçonnerie, a deux autres pièces à la file, le long de la rue qui est au nord, mais sans jour sur cette rue. Ces pièces ne pouvaient être éclairées que par le haut.

Ces boutiques, comme toutes celles de Pompéi, étaient fermées par des volets glissant dans les rainures et retenus par des barres.

Je ne sais si cette énumération suffira pour vous donner une idée de cette demeure. Je vais y joindre quelques mots sur son état actuel.

Entrons dans l'atrium, « dans cette espèce de Forum domestique où étaient reçus les hôtes, les clients, les amis, et dans lequel les anciens continuaient de vivre à l'air. » Les murs existent encore, couverts en partie de leurs élégantes peintures. Au-dessus de ces pilastres cannelés, à chapiteaux, il faut rétablir le toit avancé dont parle Pline, ou, si vous voulez, étendre un plafond percé d'une ouverture rectangulaire (impluvium) correspondant au bassin du cavædium; il faut qu'un pavé de marbre poli, aux bordures de mosaïque, rende à cet atrium son *area* riante; il faut restituer au cavædium, à margelle de marbre, une onde limpide où la lumière se joue, où le ciel se reflète, et qui rafraîchisse cette salle ou l'égaie. — Derrière l'autel, vous voyez le tablinum, et, à travers ce large passage, les colonnes colorées du portique; puis (par-delà le parterre, le xyste) le mur méridonal, décoré de pilastres et dont les peintures représentent des jardins à treillage, des fontaines, des guirlandes, des oiseaux. A gauche du tablinum, l'atrium conserve encore une fausse porte, aux peintures gracieuses, correspondant à la porte (qui n'est plus) du corridor parallèle à ce passage.

Du tablinum, vous arrivez au portique. Les colonnes en sont encore debout, avec le mur d'appui qui les joint. Au pied de l'une d'elles, un escalier conduit au xyste. — Entre les deux bras du parterre, voici le triclinium d'été. Autour de la table à pied unique, en marbre, qui existe encore, s'étend le triple banc en maçonnerie sur lequel il faut replacer les tapis. La partie de la maison (au nord-est) consacrée aux serviteurs, est la moins bien conservée.

Revenant à l'atrium, prenons la troisième porte latérale (à l'est) : aucun gardien ne la défend plus. Voici le portique de l'habitation réservée, autour de l'atrium que le plan nous y a fait voir. Sur le mur du fond, derrière le cavædium, se voit le plus grand tableau de Pompéi, long de 4 mètres sur 3 de haut. Il représente Actéon puni par Diane, de son irrévérente témérité. Dans la partie supérieure, Actéon descend des montagnes. Sur le premier plan, le même Actéon, en face de la Chasseresse nue et à genoux, près d'une fontaine, est changé en cerf et poursuivi par ses chiens. Dans l'une des chambres du fond furent trouvés, près des débris d'un lit, quatre squelettes humains ; l'un d'eux paré de colliers et de bagues : tristes restes, sans doute, des habitantes de ce paisible asile.

Les autres grandes maisons de Pompéi offrent des dispositions analogues, un *protyrum*, un *atrium*, avec un bassin ou *cavædium;* parfois, autour du cavædium, des colonnes supportant le toit ouvert de l'*impluvium* ; autour de l'atrium, de petites pièces qui paraissent n'avoir eu de jour que par la porte ; au-delà de l'atrium, un large passage (tablinum), conduisant à un portique, et à un parterre. — Sur le seuil de plusieurs maisons se voit, en mosaïque, l'inscription hospitalière « Salve. » Le pavé du protyrum, en l'une d'elles (celle du Poète tragique) représente, en mosaïque, un chien à l'attache avec ces mots : « Cave canem. » (Prends garde au chien).

La maison la plus grande et la plus régulière que les fouilles aient mise à nu, est celle dite de

Pansa (1). Le resctangle qu'elle occupe est entouré de rues de tous côtés, et présente sur la façade cinq boutiques (2). Au-delà du tablinum on trouve (au centre du rectangle) comme un second atrium, sur la même ligne que le premier, et plus vaste, formé de 16 colonnes cannelées, à chapiteaux ioniques, de 4 mètres 66 centimètres (14 pieds) de haut, la plupart encore debout. Au milieu, est un bassin de deux mètres de profondeur, dont la paroi offre des peintures de roseaux, de poissons. Une sorte de piédestal est au centre (3).

(1) Parce que le jambage de la porte avait conservé une inscription dans laquelle un certain Paratus se recommandait à l'édile Pansa.

(2) L'une d'elles où se vendait le vin et l'huile du maître de la maison, communique avec l'atrium. Une autre de ces boutiques, est une boulangerie qui a trois arrière-salles pour les moulins à bras et le four. Au-dessus de ce four est un petit bas-relief qu'il faut voir avec l'œil des religions antiques. On y lit : « Ici habite le bonheur. » On suppose que le boulanger pompéien ne voyait, en cette amulette, semblable à celle que les Romaines portaient à leur cou, et venue sans doute de l'Egypte, qu'une espèce d'assurance pour son établissement. On a trouvé dans la boutique un pain rond de 21 centimètres de diamètre, avec une marque imprimée.

(3) Dans l'une des salles de cette maison, furent trouvés des manuscrits, mais presque entièrement dissous par l'humidité et tombant en poussière.

Je vous ai indiqué la position de la *Maison de Championnet.* Cette maison n'a pas de boutique. Deux petites pièces, sans sortie sur la rue, sont à droite et à gauche du protyrum; à gauche de l'une d'elles, est un triclinium qui n'a d'ouverture que du côté de l'atrium. L'atrium est pavé en mosaïque. Le cavædium est orné, à chaque coin, d'une colonne corynthienne, qui soutenait le toit de l'impluvium. Un puits élégamment sculpté en fût de colonne, remplace l'autel, auprès du bassin. — Au-delà du tablinum est un péristyle formé de douze colonnes, au milieu duquel est un second bassin. Sous ce péristyle, sont des logements souterrains voûtés, auxquels les serviteurs arrivaient par un couloir extérieur. A mi-étage de ces caves, au-dessous d'une chambre à coucher est une chambre totalement privée de jour et décorée des peintures les plus gracieuses. Un escalier qui existe encore conduisait sans doute à des terrasses d'où l'on avait la vue de la mer (1).

Je n'essaierai pas de vous donner une idée de la structure très-complexe de la *maison des Vestales.*

(1) Rien de plus éclatant que les lambris de cette maison; rien de plus léger que les ornements qui se voient entre leurs compartiments.

L'atrium de la *Maison de chirurgie,* resserrée dans un espace étroit, n'a pas de chambres latérales. C'est dans un triclinium, donnant sur un portique du fond, et assez rapproché d'une porte de derrière, que furent trouvés les instruments de chirurgie.

La *Maison du poète tragique,* entre autres mosaïques, en renfermait une qui montre les exercices préparatoires d'une représentation dramatique, paroles, gestes, chant, musique. La *Maison des foulons et des teinturiers* offre, dans ses peintures, divers procédés de l'industrie pompéienne; et, jointe à l'inscription du monument d'Eumachia, peut donner des lumières sur les corps d'état de l'antiquité. La *Maison* dite *de Castor et Pollux* est à citer entre les plus vastes et les plus ornées. Celle dite *de la fontaine*, découverte en 1827, a conservé, dans son intégrité, une fontaine ornée de coquillages. La *Maison* dite *d'Adonis* offrait deux tableaux remarquables qui représentaient l'un, Vénus et Adonis, l'autre, Persée et Andromède.

Nous nous sommes promis de revenir à la *Maison de campagne.* Nous sortirons ainsi de Pompéi par où nous y sommes entrés.

Cette maison présente cette particularité que

la rue des Tombeaux, oblique par rapport à toutes ses lignes dirigées vers l'île d'Ischia, semble en avoir tronqué profondément l'angle nord-ouest.

Le protyrum élevé (comme le reste de la maison jusqu'au jardin) de près de deux mètres au-dessus de la rue et précédé d'un perron à colonnes qui portaient un fronton, construit non pas au milieu, mais à l'angle est de l'atrium. L'angle nord-est, à gauche du perron, est presque entièrement occupé par des bains. L'atrium est entouré de chambres. L'une d'elles (en demi-cercle), précédée d'une antichambre et d'un réduit pour un serviteur, était une chambre à coucher, avec trois fenêtres sur les jardins extérieurs. Dans un cabinet de cette chambre, un coffre en maçonnerie contenait plusieurs vases. Le cavædium est entouré de 14 colonnes, d'ordre dorique, cannelées. Deux puits à margelles en colonne, se voient encore entre elles. Le tablinum conduit à une longue galerie étendue de l'est à l'ouest et à l'un des angles de laquelle est le triclinium. Après une série de petites chambres, éclairées sur cette galerie, est, plus bas d'un mètre, un jardin ou xyste, carré, entouré de portiques à pilastres. Au milieu de ce xyste est un bassin.

aux parois latérales sinueuses, taillé carrément par un bout et en demi-cercle par l'autre; ce bassin avait un jet d'eau.

Au-delà de ce bassin sont encore debout sur un rectangle de pierre, élevé de deux marches, six colonnes sur deux rangs; support, à ce qu'on suppose, d'un pavillon à treillage. Au bout du jardin, une porte conduisait à la mer. Près de cette porte fut trouvé un squelette humain dont la main tenait encore une clé et une bourse pleine de monnaie et de médailles. Un autre squelette était auprès, à côté de vases d'argent et de bronze.

Sous trois côtés du portique qui entoure ce jardin, était une galerie souterraine, voûtée, éclairée par des soupiraux. On a trouvé dans cette sorte de cave, à parois de stuc peint, un grand nombre d'amphores, où le vin solidifié ne présentait plus qu'une masse brune. Cette cave fut, en peu d'instants, lors de l'éruption, le théâtre de bien des souffrances. Au nombre des colliers et des bijoux que l'on y a trouvés sous la cendre, on conjecture que les femmes, et tous ceux qui n'avaient pas osé gagner la porte du jardin, s'étaient réfugiés dans cette retraite. Vingt-sept squelettes humains y ont été retrouvés, entassés près de la porte, auprès de l'escalier, soulevés même par la boue liquide à laquelle les soupiraux livrèrent accès. Les ouvriers en brisant le tuf, s'aperçurent qu'il avait gardé l'empreinte des corps, et l'on montre au Musée de Naples divers fragments, un entre autres où s'est moulé, sous un léger vêtement, le sein d'une des victimes, près de l'enfant qu'elle nourrissait de son lait (1).

Avant de quitter cette maison, disons un mot de ses bains. Ils en occupent l'angle ouest, le long de la rue des Tombeaux. L'une des entrées est dans l'atrium ; elle nous conduit à un portique en équerre (à colonnes octogones), pavé en marbre, qui entoure une cour triangulaire. Au fond de cette cour, est un bassin dont le pourtour est en marbre. Un toit à fronton, dont les deux colonnes existent encore, recouvrait ce bassin ; des marches y descendent. A droite de cette cour, est la chambre où le baigneur laissait ses vêtements. Viennent ensuite deux chambres successives, l'une pour le bain froid, à couvert; l'autre, pour le bain tiède ; enfin, après celle-ci, une salle qui offre un enfoncement en demi-cercle pris sur les jardins extérieurs :

(1) Les restes d'un assez grand nombre d'habitants ont été retrouvés dans la rue des Tombeaux, mais sans que l'on ait reconnu les particularités de leur malheureuse fin

la salle de bain chaud. Le mur en est creux et chauffé, comme le pavé ; dans l'enfoncement se voit une baignoire revêtue de marbre. Les fourneaux sont adossés à cette chambre. Les tuyaux ont permis de suivre la distribution d'eau chaude et d'air chaud, dans ces pièces, décorées de peintures qui subsistent encore.

Quel soin de la vie, en présence de la mort ! Le tombeau d'Arrius, élevé vis-à-vis de cette maison, qu'il soit, ou non, celui de ses habitants, n'en est pas moins un tombeau. Et dans ces tombeaux, quel soin encore de la vie ! Quelle passion, publiquement avouée, pour cette immortalité terrestre de laquelle *Pline le Jeune* était si fort épris ! tout cela, près de l'ennemi qui allait changer, pour des siècles, ces lieux en désert. « Ici, dit *Martial*, ici plus qu'à Sparte, se plaisait Vénus ; et le grand Hercule autrefois illustra cette autre place ; à présent des cendres brûlantes ont fait partout une affreuse solitude » (1).

Il me resterait à vous conduire à cette place, que le grand Hercule avait illustrée. Mais c'est

(1) La pièce de Martial à laquelle ces mots appartiennent est, ce semble, à joindre au texte de Dion.

au Musée de Naples, que se voit désormais *Herculanum*. C'est là que ses peintures ; ses statues, ses meubles ont été transportés, comme ceux de Pompéi. La plupart des premières fouilles ont été réensevelies sous les décombres, et, dans les nouvelles fouilles souterraines, on se borne à déblayer un espace d'une dimension donnée, rejetant les décombres sur une partie précédemment mise à nu ; comblant, de la sorte, une excavation, à mesure qu'on en fait une autre. L'entrée des fouilles souterraines est à *Résina*, dans une maison particulière ; une large voûte, puis un escalier d'une centaine de marches, conduisent au théâtre. Cet édifice n'a donné aucune notion nouvelle, mais il avait conservé toute la décoration intérieure, marbres et peintures. La scène a près de 27 mètres d'ouverture, sur 10 de profondeur ; l'espace, de la scène aux premiers gradins (l'orchestre), a près de 17 mètres. De là s'élevaient 21 rangs de gradins, jusqu'à une galerie supérieure ornée de statues en bronze. L'orchestre était pavé de marbre jaune-antique ; toutes les chambres dépendantes du théâtre étaient ornées d'arabesques. Un cheval de bronze et des débris, ont fait penser qu'il y avait un char au-dessus de la façade. Le diamètre, aux gradins les plus élevés, est de 78 mètres. Près du théâtre étaient deux temples couverts de peintures, et un Forum entouré de portiques à colonnes (séparées par des statues de bronze). Sur ce Forum étaient les deux célèbres statues équestres de Nonius Balbus père et fils, consuls sous Tibère, avec l'inscription qui apprend que les Herculaniens les leur ont décernées (1). Les magnifiques peintures des temples, du portique, des maisons particulières ont été détachées des murailles et transportées à Naples; la plupart forment de grands tableaux de 3 à 4 mètres de hauteur et d'une largeur proportionnée. Deux des maisons ont offert une bibliothèque complète dont nous parlerons tout-à-l'heure. Les fouilles ont donné une énorme quantité de petits meubles de bronze, du travail le plus élégant.

Quelques excavations plus récentes, au midi des fouilles souterraines, au-dessous de terrains sans constructions, sont faites à ciel découvert; elles sont à deux cents pas des premières. Ce qu'on a mis à découvert, est fort peu de chose, c'est un espace plus long que large, de deux

(1) Un grand nombre d'amphores (cruches à vin, en pointe par le bas) paraissent datées du consulat de Nonius. On y lit : *Herculan. Nonio.*

cents pas environ, qui n'offre rien de curieux parce qu'on a soin d'enlever les objets qui ont quelque prix, comme antiquité, à mesure qu'on les trouve. On y distingue plusieurs rues, des maisons particulières (1), dont les belles peintures sont au Musée de Naples, et la place d'une prison. Un seul squelette fut trouvé, près du théâtre sous un escalier, une bourse à la main. Il ne faut donc pas prendre à la lettre le récit de Dion, à moins qu'un autre théâtre ne soit à découvrir. Depuis, on a rencontré quelques autres débris humains.

C'est au Musée de Naples qu'il faut aller compléter la visite des deux villes romaines. C'est là que l'imagination, rapprochant ce que les *excavateurs* ont disjoint, doit aller chercher ce qui manque aux murs dénudés, aux salles démeublées ; malheureusement je ne pourrais vous donner qu'un catalogue aride des richesses entassées dans ce Musée, bustes, statues, mou-

(1) Une entre autres, plus grande qu'aucune de celles de Pompéi, offre un gynécée bien distinct. Une autre contenait une grande quantité de fruits et de légumes, de l'huile, des jambons. On a aussi découvert la boutique d'un barbier, pourvue de tous les objets de toilette. Les fouilles souterraines avaient fait précédemment rencontrer une maison de chirurgien, et, entre autres instruments, des sondes droites en argent, mais point de lancettes.

lures, peintures détachées des murailles, mosaïques, chaises antiques, urnes, trépieds, candelabres, vases, lampes, aiguières. On y voit tous les instruments sacrés; ceux de ménage et de cuisine; ceux des diverses professions; les instruments de musique; les armes de guerre et celles du cirque; tout le mobilier des bains; différentes pièces d'habillements : la dépouille, en un mot, de tous les édifices mis à nu ou *fouillés* à Herculanum et de tous ceux que nous avons cités à Pompéi. On a remarqué que la plupart des casseroles sont *étamées* avec de l'argent. Des morceaux de cuivre, sorte de grands cachets rectangulaires, présentent en relief un mot ou un chiffre, tracé en sens inverse de l'écriture ordinaire; ainsi les Herculaniens connaissaient l'imprimerie pour des mots ou des chiffres isolés! Un grand nombre d'images du Pan égyptien, les unes servant de lampes, les autres isolées et suspendues au cou des femmes comme le furent des croix dans la suite, quelques-unes avec des ailes, d'autres, multiples et figurant quelque animal par leur assemblage, attestent le plus souvent, d'une façon assez triste que, pour les Herculaniens, le champ de l'art, comme chez nous celui de la science, était aussi vaste que la nature. Les peintures forment, ensemble, le cours d'histoire le plus lumineux sur l'état de la marine, de l'architecture et de la plupart des travaux industriels ou artistiques, chez les Anciens. Elles sont, avec les objets retirés des fouilles, le véritable commentaire du grand recueil de Pline : une encyclopédie *figurée*, près de l'encyclopédie écrite. Je tenterais vainement de vous donner une idée de luxe, d'élégance et de grâce, dépensées autour du moindre des ornements herculaniens, à l'extrémité, par exemple d'une épingle de tête. Au reste, la plupart de ces ornements sont passés dans nos modes. Cet emprunt n'est pas le seul que nous ayons fait à ces villes célèbres ; le caractère tant soit peu sculptural de la peinture herculanienne et pompéienne, n'a pas été étranger à celui de la peinture française, depuis soixante ans.

Le Musée de Naples renferme un trésor plus rare encore qu'aucun de ceux que nous venons de citer : deux bibliothèques herculaniennes. Pour la première fois, voici des écrits grecs et latins qui ne nous sont pas transmis par une main moderne ; qui nous parviennent de première main : peut-être l'un des ouvrages qui nous ont été refusés, ou bien ne nous sont arrivés qu'en lambeaux ! peut-être quelques livres totalement inconnus, sur le temps de Tibère, de Néron, de Claude, berceau des croyances qui devaient fonder un autre empire romain! — Par malheur, le découragement succède bientôt à l'enthousiasme que cette découverte inspire. Les manuscrits d'Herculanum n'ont, pour ainsi dire, gardé que leur forme extérieure, et semblent pour jamais illisibles.

Ces manuscrits que leur apparence a fait comparer à des bouts de tabac, ou bien à des rondins, les uns de charbon, les autres de bois pétrifié, se composent de feuilles de papyrus collées à la file, en une longue bande et roulées autour d'un bâton. Ce sont des *rouleaux* (en latin *volumen*: de là, le mot *volume*). Ce ne sont pas des livres à feuilleter, mais à dérouler. Le déroulement paraît impossible (1).

(1) Une partie de ces manuscrits a été trouvée dans une chambre de 4 mètres carrés, garnie d'armoires en marqueterie. Au milieu, se trouvait une autre armoire isolée, à deux faces. Quelques fragments de ces armoires se voient au Musée de Naples. Entre les peintures herculaniennes, plusieurs représentent de six à huit *rouleaux* debout, dans une sorte de boisseau à couvercle, chacun avec une bande qui le dépasse et lui sert d'étiquette. On voit aussi la représentation de *tablettes* à rebord, soit simples, soit assemblées à charnière, autour d'un même axe. L'une des peintures montre, en outre, deux encriers cylindriques réunis, munis de couvercles à charnières. Auprès, est la plume de roseau (*calamus*), taillée comme les nôtres. L'encre n'étant

Une eau, bouillante peut-être, chargée de solutions terreuses, s'est infiltrée dans le tissu végétal et entre les feuillets; elle les a collés, au moyen de la gomme de l'encre; elle a délayé la matière charbonneuse de cette encre. Aussi les rouleaux ne présentent-ils plus autour du bâton central ou, comme disaient les Latins, de l'ombilic (du nombril), qu'une masse compacte dont la couleur varie selon que la matière charbonneuse de l'encre est plus ou moins déplacée. Leur couleur varie du noir le plus foncé au châtain le plus clair. La poussière qui se voit, au-dessous, sur la planche de l'armoire vitrée qui les renferme, dit assez quelle est leur fragilité.

Un religieux de Rome, le père *Piaggi* ne renonça pas cependant à leur arracher leur secret. Le moyen dont il fit adopter l'usage est très-simple. Le rouleau à dérouler est placé au-dessus d'une couche de coton, sur deux supports en croissant. Une petite bande de

que du charbon dans une eau gommeuse, le secrétaire peignait avec le calamus plutôt qu'il n'écrivait. Il transcrivait lentement la tablette enduite de cire, rapidement chargée d'écriture par le maître avec la pointe d'un stylet (style). L'autre extrémité du stylet, arrondie, permettait d'effacer, en unissant de nouveau la cire. « Retournez souvent le stylet », écrit Horace.

baudruche est collée sur le côté qui est à étendre. Des fils de soie, en nombre égal à celui des interlignes de la page (1), sont tendus verticalement, fixés, par le haut, à des chevilles semblables aux chevilles d'un violon qui peuvent être tournées, une à une, dans le fond de boîte vertical où elles sont plantées. Chacun des fils de soie est attaché, par le bas, à la petite bande de baudruche.

On détache peu à peu la feuille avec un outil pointu; puis, tournant les vis, on raccourcit lentement les fils, et l'on élève la portion du manuscrit détachée. Elle se romprait si le rouleau ne la suivait pas dans son mouvement. Pour qu'il la suive, un ruban (sorte de chaîne sans fin) passe, à chaque bout, sous le rouleau et s'appuie, au-dessus, sur une tige horizontale mobile. L'opération terminée, une nouvelle bande de baudruche est collée, et les mêmes soins recommencent. Il s'en faut que chacune de ses bandes présentent un tissu complet. Le papyrus y ressemble plutôt à un morceau de mèche ou de linge brûlé et criblé de trous.

(1) Ces rouleaux ne sont, la plupart, écrits que d'un côté, et c'est le côté qui est *en dedans*. Déroulés, ils offrent une suite de pages de la grandeur de nos in-12.

L'ouvrier a-t-il enfin étendu une page entière, elle est collée sur toile et remise au copiste, qui la dessine le plus exactement possible avec toutes les lacunes. Un savant cherche ensuite à compléter les lettres. Les compléments sont écrits en rouge.

Plusieurs ouvrages de rhétorique ou de dialectique épicuréennes, attribués la plupart à un auteur du nom de *Philodème,* furent, avec des fragments d'Epicure et de Phèdre, la seule récompense de ce travail minutieux.

En 1818, divers essais du célèbre chimiste *H. Davy*, sur des fragments de manuscrits herculaniens, mis à sa disposition, en Angleterre, firent concevoir de nouvelles espérances. Exposés à une chaleur modérée, ces fragments dégageaient une assez grande quantité de gaz hydrogène. Le chlore et l'iode n'agissent pas sur le carbone et se combinent rapidement avec l'hydrogène; les lettres étant de carbone, on pouvait penser que la matière collante des feuilles serait saisie par le gaz chlore. « Un fragment de manuscrit brun, dont les feuilles adhéraient fortement entre elles, étant placé dans une atmosphère de chlore, le papyrus se mit aussitôt à fumer et à jaunir et les lettres apparurent plus distinctes. Par l'application de la chaleur, les feuilles se séparèrent les unes des autres, dégageant des vapeurs d'acide hydrochlorique. » La distillation d'une parcelle de ces manuscrits, montrait assez, par ses produits, que leur état n'est pas dû à l'action du feu comme on l'avait d'abord supposé (1).

Au mois de mai, Davy fut envoyé à Naples, avec mission spéciale de vérifier ses conjectures. Le résultat de ses observations, et de ses expériences a été publié dans les Transactions philosophiques de mil huit cent vingt-un (2). Le nombre des manuscrits, lui dit-on, était originairement de mille six cent quatre-vingt-seize. Quatre cent trente-un avaient été *essayés* ou offerts aux gouvernements étrangers. Mille deux cent soixante-cinq restaient encore. La plupart n'offraient que des fragments ou des rouleaux ne laissant aucun espoir. Cent, au

(1) Une autre preuve que l'action du feu n'est pour rien dans l'état de ces manuscrits, c'est auprès d'eux, dans les peintures des murailles, l'intégrité parfaite des couleurs minérales, du vermillon par exemple, qui n'eussent pas résisté au feu.

(2) Ce mémoire est suivi de divers *fac simile* des manuscrits, en caractères grecs (généralement les plus soignés) ; en caractères latins; en caractères grecs et latins mélangés; enfin en caractères d'une autre espèce encore.

plus, pouvaient encore être éprouvés. Des déménagements répétés, une curiosité irrespectueuse et tant d'années d'exposition à l'air, n'avaient pas contribué à leur conservation. Ceux dont le déroulement offrait le plus de chances de succès, avaient été les premiers entrepris.

Leur apparence est très-variée. Davy en conclut que le même traitement ne doit pas être appliqué à tous. Quelques-uns sont, au dehors, d'un noir luisant, qui est dû, selon Davy, à une mince enveloppe de peau. En plusieurs, le bâton est converti en charbon dense. Trois ou quatre échantillons offrent des traces d'écriture des deux côtés. Les bruns pâles, comme pétrifiés par le dépôt des solutions terreuses, sont aisés à séparer, mais cassants. Quelques-uns des plus foncés n'offrent plus, par la dispersion de la matière charbonneuse de l'encre, la moindre trace de lettres.

Au procédé du père Piaggi, Davy ajouta la dissolution de la gomme interposée entre les feuillets, au moyen de quelques gouttes d'alcool. Un courant d'air chaud, lui procura, en outre, en 30 ou 40 minutes, le séchage que les travailleurs attendaient pendant plusieurs heures. L'une des principales difficultés consiste en ce que, si une lacune existe dans une page, elle est comblée, sous la pointe du *détacheur* et à son insu, par une pièce égale, appartenant au feuillet qui est au-dessous. Après bien des essais, Davy ne put y trouver de remède.

Les trois mois qu'il consacra à ses expériences, lui procurèrent le déroulement partiel de 23 manuscrits dont on obtint des fragments d'écriture (1), et l'examen de 120 autres qui ne laissent aucun espoir; au bout de ce temps, le chimiste anglais crut devoir se retirer devant des obstacles suscités par la jalousie. Son Mémoire se termine par un avis que l'on peut, d'un jour à l'autre, avoir à mettre à profit. « Si l'on doit, écrit-il, découvrir encore des manuscrits dans les fouilles d'Herculanum, il faut espérer que le papyrus sera aussitôt soustrait à l'action de l'air dans des bocaux vidés d'air peu-à-peu, puis remplis ensuite peu-à-peu de gaz acide carbonique. Il n'y a pas de doute que les rouleaux qui sont au Musée de Naples, ne fussent, lors de leur découverte, dans un état beaucoup plus favorable. Je me suis assuré

(1) Ces manuscrits, comme ceux que l'on avait précédemment déroulés, appartiennent à des écoles épicuréennes de philosophie et de rhétorique.

qu'un fragment d'un manuscrit brun, enfermé pendant plusieurs semaines dans un petit espace d'air, au-dessus du mercure, y produisait la disparition d'une notable proportion d'oxygène et la formation d'une assez grande quantité de gaz acide carbonique. »

Bien qu'elle n'ait pas eu le succes qu'on avait cru pouvoir en attendre, cette intervention de la plus feconde des sciences modernes, au milieu des débris de l'art et de la philosophie antique, ne vous paraîtra pas sans intérêt.

Je n'essaierai pas aujourd'hui, de dégager la signification générale des images que nous eussent présentées les deux Villes gréco-romaines, à en juger par leurs débris. Il est d'ailleurs un autre moyen de pénétrer le secret du siècle qu'elles nous font, pour ainsi dire, toucher; c'est d'écouter l'expression directe de ses convictions, de ses sentiments, de ses affections, de ses désirs, de ses craintes, de ses espérances. Par delà cette expression, si artistement ciselée et polie qu'elle soit, comme par delà les parois de stuc, les colonnes de marbre, les figurines de bronze, se voit une stérilité de tête et de cœur, que ce siècle ne s'avoue pas à lui-même. Sous ce rapport, nous ne saurions mieux faire que de reprendre les *Lettres* de Pline le Jeune. Grâce à l'excursion que nous venons de faire, nous saurons où placer les personnages dont ces *Lettres* nous parlent.

FIN.

TABLE.

Antiquités romaines. 5

Découverte de deux villes romaines, aux environs de Naples. 11

Récit de l'éruption de l'an 79. 20

Mort de Pline le naturaliste. 24

Description de Pompéi. 32

Rue des Tombeaux. *Ib.*

Remparts. 42

Vue générale de la ville. 44

Forum. 52

Édifices publics qui entourent le Forum. 56

Théâtres ; édifices environnants. 67

Amphithéâtre. 78

Bains publics. 82
Maisons particulières. 89
Quelques mots sur Herculanum. 103
Musée de Naples. 106
Manuscrits d'Herculanum. 108
Lettres de Pline le Jeune. 117

FIN DE LA TABLE.

Limoges. — Impr. EUGÈNE ARDANT et Cie

www.ingramcontent.com/pod-product-compliance
Ingram Content Group UK Ltd.
Pitfield, Milton Keynes, MK11 3LW, UK
UKHW020349230726
13925UKWH00003B/1035